KB179035

베이컨이 들려주는

우상 이야기

베이컨이 들려주는
우상 이야기

ⓒ 강영계, 2007

초판 1쇄 발행일 2007년 1월 31일
초판 12쇄 발행일 2022년 7월 4일

지은이   강영계
그림   김정진
펴낸이   정은영

펴낸곳   (주)자음과모음
출판등록   2001년 11월 28일 제2001-000259호
주소   10881 경기도 파주시 회동길 325-20
전화   편집부 (02)324-2347 경영지원부 (02)325-6047
팩스   편집부 (02)324-2348 경영지원부 (02)2648-1311
e-mail   jamoteen@jamobook.com

ISBN 978-89-544-1968-0 (64100)

베이컨이 들려주는

우상 이야기

강영계 지음

|주|자음과모음

우리는 날마다 지루하게 반복되는 일상을 살아가고 있습니다. 어제와 같은 일을 하고 같은 사람들을 만나며 같은 시간에 식사를 합니다. 적당히 무관심하게 하루하루를 흘려 보내고 있는 것이지요. 그러다 어느 순간 '나는 누구인가?' '나는 하루를 어떻게 보내는가?' '나는 왜 살고 있는가?' 라는 의문이 들 때가 있습니다.

이와 같은 물음을 던지는 순간, 우리는 나와 우리와 세계의 의미를 묻고 답하면서 진지하게 철학하기를 시작한다고 할 수 있습니다.

프랜시스 베이컨(Francis Bacon, 1561~1626)은 영국 경험론 철학의 아버지로 스콜라 철학을 비판하고, 관찰과 실험에 기초를 둔 귀납법을 확립시킨 철학자입니다. 또한 정치가이자 법률가로서 낡은 영국 사회를 개혁하기 위해 애쓴 인물이기도 합니다.

베이컨이 살던 17세기는 여러 면에서 돋보이는 시기였습니다. 자본주의가 자리를 잡기 시작했으며, 왕권 정치가 확립되고 시민 사회가 형성

되었습니다. 철학에서는 봉건 제도와 교회의 속박으로 인해 학문과 예술이 쇠퇴하던 중세 암흑기가 지나고 르네상스 시대를 거쳐 인식론의 시대, 곧 앎의 문제에 대한 진지한 탐구의 시대가 활짝 열렸던 시기입니다.

우리는 17세기 근대 철학의 특징을 인식론이라고 부릅니다. 인식론은 앎의 문제를 논의하는 것으로서 앎의 확실한 근거는 무엇일까, 어떻게 알게 될까, 진리란 무엇일까 등을 주요 탐구 대상으로 하는 학문입니다. 17세기 인식론을 대표하는 두 경향은 베이컨, 홉스, 로크, 흄 등의 영국 경험론과 데카르트, 스피노자, 라이프니츠 등의 대륙 합리론입니다. 경험론에서는 감각 경험에 의해 인간은 확실한 앎을 얻는다고 말합니다. 그에 비해 대륙 합리론에서는 불변하는 이성에 의해 바깥 대상을 확실하게 알 수 있다고 주장합니다.

베이컨은 우리가 살고 있는 이 우주를 그저 주어진 것으로 받아들일 것이 아니라 끊임없이 관찰하고 실험하고 연구하여 인간이 지배권을 획

득해야 한다고 믿었습니다. 17세기부터를 근대라고 부른다면 베이컨은 근대의 문을 연 사람이고, 근대 정신의 특징 가운데 하나를 과학적 접근 방법이라고 한다면 베이컨의 귀납적 관찰 방법은 근대 과학 정신의 초석이 되었다고 할 수 있습니다.

특히 그는 저서 《노붐 오르가눔(신기관)》에서 네 가지 우상론에 대해 설명하고 있습니다. 실험과 관찰에 바탕을 두지 않은 일반적인 명제를 그는 우상이라고 불렀지요.

이 책 《베이컨이 들려주는 우상 이야기》에서는 종족의 우상, 동굴의 우상, 시장의 우상, 극장의 우상 등 네 가지 우상을 중심으로 베이컨의 사상에 가까이 다가려 합니다. 뜻밖의 사고로 장애인이 된 아저씨와 세 어린이의 만남을 통해 우리가 얼마나 우상 또는 편견에 사로잡혀 살고 있는지를 잘 알 수 있을 것입니다.

이 책이 나오기까지 애써 준 (주)자음과모음의 사장님 이하 전직원 여러분께 감사드립니다.

2007년 1월
강영계

C O N T E N T S

프롤로그

높은 담장 너머로 보이는 것은 나무와 풀뿐이었습니다. 아무리 토끼처럼 깡충깡충 뛰고 기린처럼 고개를 쭉 내밀어도 그것밖에는 보이지 않았어요. 아무도 살지 않는 것처럼 그 집은 조용했습니다. 지난겨울에도 다시 찾아온 봄에도 또 여름에도 말이지요. 그 집을 채웠다 비우는 것은 오직 나무와 풀뿐인 듯했습니다.

그렇다고 그 집에 아무도 살지 않는 것은 아니었어요. 몇몇 아이들이 '드르륵드르륵' 하는 소리를 들었다고 했으니까요. 어두워지면 희미한 불빛도 새어 나왔습니다. 그러나 그 집에서 누군가가 나오는 것을 본 사람은 아무도 없었기 때문에, 정말 그곳에 사람이 사는지는 확인되지 않았습니다. 아이들은 그 집에 귀신이 산다고 믿었습니다.

사람이 산다면 그렇게 오랫동안 대문이 굳게 닫혀 있을 리 없었습니다. 아무도 불을 켠 사람이 없으니 아마도 희미하게 새어 나오는 불빛은 귀신이 내는 불빛이 아닐까요. 도깨비불처럼 말이에요. 아이들은 그 집을 흉가, 귀신의 집, 괴물이 사는 집이라고 불렀습니다. 그래서인지 그 집 앞을 지날 때면 온몸에 소름이 돋았는데, 용감한 우리 삼총사는 언제나 그곳에서 만났습니다. 몇 시에 만나자고만 하면 장소는 말하지 않아도 언제나 그 집 앞이었지요.

우리가 그 집을 약속 장소로 정한 이유는 두 가지입니다.

먼저 우리 삼총사는 겁쟁이가 아니라는 것을 아이들에게 보여 주기 위해서입니다. 사실대로 말하면 무서웠어요. 무성하게 자란 나무와 풀들이 바람에 서걱거릴 때면 마치 귀신이 구슬피 우는 소리처럼 들렸고, 비가 오기라도 하면 귀신이 삐걱삐걱 걸어 다니는 말 같았어요.

그럼에도 우리가 그 집 앞에서 만나는 두 번째 이유는 그 집이 풍기는 멋 때문이었어요. 옛날 집이 헐리고 새로 지어진 집은 대부분 빌라입니다. 이런 집들은 마당이 없어서 계절마다 옷을 갈아입는 나무들을 보기가 어렵지요. 그러나 그 집에는 넓은 마당이 있어서 계절마다 나무들이 고운 옷을 갈아입습니다. 비록 사람의 손길이 닿지 않아 제멋대로 자랐지만 오히려 나무들끼리 어울려 자라는 모습이 보기 좋았습니다. 게다가 늦여름에는 능소화가 대문과 담장을 타고 오르며 예쁜 꽃을 피운답니다.

능소화를 잘 모르는 친구들도 있을 거예요. 능소화는 담쟁이처럼 잔뿌리로 벽을 타고 올라가는 덩굴 식물인데요. 트럼펫 또는 깔때기처럼 생긴 주홍색의 예쁜 꽃을 피운답니다. 주홍색 꽃에서는 뚜뚜 트럼펫 소리가 나는 것도 같고, 향기로운 물이 뚝뚝 떨어질 것도 같습니다.

우리 삼총사는 능소화를 무척 좋아합니다. 흔히 볼 수 없는 꽃이기도 하지만 왠지 그 꽃을 보고 있으면 마치 조선 시대처럼 아주 먼 과거로 여행을 떠나온 것 같은 느낌이 들거든요. 잘은 모르겠지만 옛날 시골 마을에서는 돌담마다 능소화가 목을 길게 뺀 채 길을 오가는 사람들을 반갑게 맞아 주었을 것 같습니다.

참, 삼총사가 누구인지 궁금하지 않나요?

초등학교 5학년에 다니는 강호철, 백진형, 김종회 이렇게 셋이에요. 4학년 때 같은 반이 되면서 처음 만났는데, 첫눈에 우리는 같은 부류라는 것을 알아보았어요. 아니나 다를까 성격은 물론 취미도 비슷했지요. 특히 무엇이든 관찰하고 새로운 것을 찾아내는 것을 좋아해서 틈만 나면 곤충을 키우거나 실험을 하고, 모르는 것은 백과사전을 찾아보았습니다. 그래서 다른 아이들보다 더 많은 것을 알고 있었지요. 그렇다고 우리가 공부를 잘하는 것은 아니고요, 보통 아이들보다 상식이 조금 더 많다는 정도입니다.

요즘 우리의 관심을 끄는 것은 바로 그 집입니다. 귀신의 집이라고 불리는 그 집 말이에요. 아직 아무도 그 집에 대해 정확히 알고 있지 않으니 우리가 그걸 알아봐야 하지 않겠어요. 탐험 정신이 뛰어난 우리 삼총사가 아니면 누가 그 일을 하겠어요.

1

호기심 삼총사

 교활한 사람은 학문을 경멸하고 단순한 사람은 학문을 찬양하며 현명한 사람은 학문을 이용한다.

― 베이컨

1 귀신의 집

우리는 천천히 안으로 들어갔습니다. 귀신의 집은 온통 깜깜했기 때문에 온몸의 감각을 발에 집중시키고 조심조심 걸을 수밖에 없었습니다. 마치 앞이 보이지 않는 동굴 속에 있는 것 같았습니다. 아무 소리도 들리지 않고 아무것도 보이지 않는 어둠은 공포 그 자체였습니다. 언제 어떤 것이 나타날지, 또 어떤 소리가 들려올지 전혀 예측할 수 없었기 때문입니다.

우리는 겉으로는 안 무서운 척했지만, 속으로는 벌벌 떨며 앞서

걷기를 꺼려했습니다. 등을 떼밀며 서로 앞장을 서라고 옥신각신 했습니다. 결국 가위바위보를 해서 이긴 사람이 가운데, 꼴찌가 맨 앞, 그리고 두 번째로 이긴 사람이 맨 뒤에 서기로 했습니다.

가위바위보에서 진 종회가 맨 앞에서 걷다가 갑자기 걸음을 멈추고 소리를 질렀습니다.

"으악!"

가운데 있던 호철이와 맨 끝에 있던 진형이도 덩달아 소리를 질렀습니다.

"아아아악!"

삼총사는 냅다 줄행랑을 치기 시작했습니다.

"왜 그래? 무슨 일이야?"

영문도 모른 채 따라 뛰던 진형이가 숨을 헉헉거리며 물었습니다.

"뭔가 발에 물컹한 것이 느껴졌어."

종회가 떨리는 목소리로 말했습니다.

"그게 뭐였는데?"

이번엔 호철이가 물었습니다.

"내가 그걸 어떻게 아냐? 이렇게 깜깜한데……"

뒤에서 진형이가 호철이를 툭 쳤습니다. 그때 '끼이이익……'

하는 소리가 들렸습니다.

삼총사는 귀를 틀어막았습니다. 그 소리는 마치 오래된 대문에서 들려오는 쇳소리 같기도 했고, 맹수가 죽어 가면서 마지막으로 지르는 비명 소리 같기도 했으며, 기차가 철로에 갑자기 설 때 나는 마찰음 같기도 했습니다.

아이들이 적막 속에서 들려오는 정체 모를 소리에 정신을 빼앗기고 있을 때 갑자기 하얀 불빛이 나타나더니 여기저기 둥둥 떠다녔습니다. 그리고 뒤이어 들려오는 커졌다 작아졌다, 웃었다 울었다 하는 귀신의 소리……. 삼총사는 다리를 달달 떨며 제자리에 멈춰 섰습니다. 그때였어요. 삼총사의 눈앞에 머리를 풀어헤치고 소복을 입은 여자 귀신의 얼굴이 거꾸로 툭 떨어졌습니다.

"으아아악!"

삼총사는 '걸음아 나 살려라' 하며 뛰기 시작했습니다.

출구를 찾아 무작정 뛰는 동안 소복 입은 여자 귀신들이 후닥닥 앞을 가로질러 가기도 하고 도깨비들이 손을 끌어당기기도 했습니다. 해골바가지가 와르르 무너지기도 했고, 박쥐들이 퍼드덕 날아오르기도 했습니다. 날카로운 여자 귀신의 목소리, 낮게 울리는 할아버지의 울음소리, 끼이익 대는 소리, 무언가 깨지는 소리 등

여러 소리들이 마구 뒤섞여 도망치는 삼총사의 뒤를 따라왔습니다. 삼총사는 정신없이 뛰면서 넘어지기도 하고 비명을 지르기도 하면서 겨우겨우 출구로 나왔습니다.

갑자기 만나게 된 환한 빛 속에서 삼총사는 멍하니 서 있었습니다. 어둠에 익숙해 있다가 갑자기 밝은 빛을 보게 되니 어리둥절했습니다. 동굴 속에서 일어났던 모든 것들이 산산이 부서지는 것 같았습니다.

얼마 전에 텔레비전에서 본 한 소녀의 이야기가 떠올랐습니다. 소녀는 열 살이 넘을 때까지 야생에서 동물들과 함께 살다가 사람들의 품으로 돌아왔는데, 한동안 세상에 적응하지 못하고 힘들어했다고 합니다.

잠깐 어두컴컴한 곳에 있다가 나와도 이렇게 어색한데 그 소녀는 오죽했을까요.

시간이 지나자 차츰 주위 사물들이 또렷하게 보이기 시작했습니다. 풍선을 파는 아줌마, 아이스크림을 물고 재잘대는 여자 아이들, 유모차를 끌고 걸어오는 가족, 할머니의 손에 매달려 겨우 발걸음을 옮기는 어린아이…….

또 놀이 기구를 타는 아이들의 웃음소리, 물건을 파는 아저씨의 고함 소리, 음악대의 연주 소리 등이 차츰 선명하게 들려왔습니다.

"휴……."

"아, 살았다!"

"정말 죽는 줄 알았어."

삼총사는 안도의 숨을 내쉬며 서로를 바라보았습니다. 아직도 놀라움이 채 가시지 않았는지 얼굴이 창백했어요. 귀신의 집에 들어갈 때의 의기양양했던 모습은 어디에서도 찾아볼 수 없었지요.

"귀신의 집이 별것 아니라며? 하나도 안 무섭다고 하더니."

호철이가 종회에게 힐난하듯 말했습니다.

"아무것도 안 보이는데 앞장을 선다고 생각해 봐. 만약 호철이 네가 앞서 걸었다면 벌써 기절하고도 남았을걸. 그나마 나나 되니까 너희들도 이렇게 무사히 나왔지!"

종회의 말에 호철이는 우물쭈물했습니다. 그러다 이번에는 진형이에게 화살을 날렸어요.

"진형이 너는 왜 그렇게 남의 어깨를 꽉 잡냐? 아무리 무서워도 그렇지. 어깨 빠지는 줄 알았다. 그래도 이 형님 어깨를 잡으니까 좀 덜 무서웠지?"

호철이가 낄낄댔습니다.

"무슨 소릴 하는 거야? 난 네 어깨를 잡은 적 없어. 그럴 시간도 없었다고."

진형이의 말이 끝나자마자 갑자기 삼총사의 얼굴이 일그러지기 시작했습니다.

"그럼……."

"귀……신?"

"엄마야!"

"아악!"

아이들은 환한 대낮에 놀이동산 '귀신의 집' 앞에서 비명을 지르며 밖으로 뛰어나갔습니다.

2 절대 빠지지 않는 '붙이는 못'?

놀이동산에서 돌아오는 길, 전철은 사람들로 북적거렸습니다. 일요일이어서 그런지 나들이를 갔다 돌아오는 사람들이 많은 것 같았습니다. 삼총사는 아직도 가쁜 숨을 몰아쉬며 귀신의 집에 대해 이야기를 나누었습니다. 좋아하는 놀이 기구를 다 놔둔 채 마음 굳게 먹고 그토록 무서워했던 '귀신의 집'에 간 이유는 오직 한 가지였습니다.

'담력을 키우자! 무서워하지 말자!'

"이래 가지고 그 집에 들어갈 수 있겠어?"

호철이가 걱정스러운 듯 말했습니다.

그렇습니다. 우리는 그 집에 가 보기로 결정을 내렸습니다. 그런데 좀체 용기가 나지 않았습니다. 그도 그럴 것이 그 집에 대해서 아는 것이 전혀 없었으니까요. 그곳이 어떤 집인지, 누가 사는지만 알아도 담력을 키우겠다며 귀신의 집을 체험하는 짓은 안 했을지도 모릅니다.

"정말 걱정이야. 가짜로 만들어 놓은 귀신의 집도 이렇게 무서운데, 정말 그 집에 들어갔다가 진짜 귀신이라도 나오면 어쩌지?"

진형이도 덩달아 한숨을 쉬었습니다.

"그렇다고 이대로 포기할 순 없잖아. 우리 삼총사가 어떤 삼총사냐? 의리와 용기로 똘똘 뭉친……."

그래도 귀신의 집에서 앞장을 섰던 경험으로 종회는 겁이 좀 달아난 모양이었습니다.

"의리와 용기보다 호기심으로 똘똘 뭉친 삼총사지. 뭐든 궁금하면 못 참는 성격이 꼭 닮은 못난이 삼형제!"

진형이가 삐딱하게 말했습니다.

"야, 그래도 못난이 삼형제가 뭐냐? 독수리 삼형제 정도는 되어야지."

종회가 투덜대자 호철이가 배꼽을 잡고 웃었습니다.

"하하하! 독수리 삼형제? 독수리 오형제는 들어 봤어도 독수리 삼형제는 처음이다."

"그냥 웃자고 한 말이야."

농담을 이해 못한 호철이가 답답하다는 듯 종회가 가슴을 쾅쾅 쳐 댔습니다. 진형이는 그런 호철이와 종회를 보고 웃음을 터뜨렸습니다. 삼총사의 웃음소리가 컸는지, 옆에 계신 아주머니가 주의를 주었습니다. 앗, 맞아요. 전철은 공공장소이니 다른 사람들을 위해 조용히 해야 한답니다. 쉿……!

놀이공원 역에서 탔던 많은 사람들이 하나 둘씩 내리고 전철 안은 조금 한산해졌습니다. 앉자마자 자리에 앉았어요. 귀신의 집에서 긴장을 했던 탓인지 앉자마자 꾸벅꾸벅 졸기 시작했습니다. 서로의 어깨에 머리를 콩콩 찧어 가며 졸고 있는데 갑자기 어떤 커다란 목소리가 그들을 깨웠습니다.

"오늘도 기쁜 일, 슬픈 일, 즐거운 일, 괴로운 일 등 바쁜 하루를 보내고 집으로 돌아가시는 여러분께 좋은 물건 하나 소개해 드리고자 이 자리에 섰습니다. 잠시 소란을 피워 죄송합니다. 그러나 너무나 좋은 물건이기에 이렇게 용기를 내어 이 자리에 섰으니 아무쪼록 양해해 주시기 바랍니다."

아저씨는 자신의 목소리만큼 큰 가방 속에서 무언가를 꺼냈습니다. 꾸벅꾸벅 졸던 사람들은 잠에서 깨어 아저씨를 주목했습니다. 호기심 많은 삼총사도 눈을 번쩍 뜨고 아저씨가 어떤 물건을 꺼낼지 잔뜩 기대를 한 채 지켜보았습니다.

"여러분, 그동안 못 박느라 힘드셨죠? 딱딱한 콘크리트 벽에 못 하나 박을라치면 이리 튀고 저리 튀고, 겨우 들어갔나 싶으면 쏙 빠져 버리고⋯⋯. 못 하나 박는 데 땀을 한 바가지나 쏟습니다. 그뿐입니까. 아무리 조심해도 손을 찧기 일쑤이고, 팔은 또 얼마나 아픕니까. 다리는 후들거리고요."

아저씨는 숨도 안 쉬고 말을 했습니다.

"맞아, 맞아. 일요일에 대청소하다가 방에 액자를 걸려고 못을 박는데 꼭 저랬다니까."

진형이가 아저씨의 말에 맞장구를 쳤습니다.

"그렇다고 못 안 박고 살 수 있습니까? 시계 걸어야지요, 달력 걸어야지요, 사진이라도 한 장 걸어 놔야 할 거 아닙니까. 또 아이들 그림이나 상장도 보기 좋게 주르르 걸어야 하고요. 대한민국에 못 안 박고 사는 집은 하나도 없습니다."

"맞아, 저 아저씨 어쩜 저렇게 말을 잘하시냐!"

또 진형이가 말했습니다.

"저 아저씨의 말에 푹 빠졌구나?"

호철이는 고개를 쭉 내밀고 아저씨를 쳐다보는 진형이에게 말했습니다.

"도대체 무슨 물건을 팔려는 거지?"

종회도 궁금했습니다.

"그래서! 여러분들의 그런 불편함을 해결해 드리기 위해 여기 물건 하나 가지고 나왔습니다."

아저씨는 커다란 가방을 뒤적이더니 비닐봉지에 포장된 스티커 같은 것을 꺼냈습니다. 못처럼 단단하거나 뾰족해 보이지는 않았습니다.

"자, 이게 뭔 줄 아십니까? 바로 망치 없이도 박을 수 있는 못입니다. 어린아이에서 노인까지 힘들이지 않고 원하는 곳에 척 붙여 주기만 하면 곧바로 여러 물건을 걸 수 있는 못이 되지요. 여기 이 고리를 스티커 구멍 안쪽에 끼워 넣고 그대로 벽에 붙이시면 끝! 일부러 떼려고 매달리지 않는 한 절대로 떨어지지 않습니다."

"에이, 말도 안 돼! 저런 힘없는 스티커가 얼마나 오래 벽에 붙어 있겠어?"

종회는 코웃음을 쳤습니다.

그때 아저씨가 종회의 말을 듣기라도 하듯 이렇게 말했어요.

"믿지 못하는 분들도 있으시죠? 이 약한 고리 스티커에 시계를 걸다니, 분명 뻥일 거야. 그런 걱정일랑 붙들어 매세요. 이 스티커에는 타일, 벽, 나무 어디든 붙였다 하면 떨어지지 않는 강력 접착제가 발라져 있고 또 물건을 걸면 무게중심이 딱 맞게 고리가 달려 있어서 오히려 더 단단하게 고정됩니다. 어디든 붙여만 주세요."

아저씨가 가방에서 타일 조각을 꺼내 스티커 못을 붙이는 시범을 보이고 직접 손으로 잡아당겨 보았습니다. 아저씨가 힘껏 당기는데도 스티커는 떨어지지 않았습니다.

"와, 정말 대단하다! 약해 보이는데 정말 강한가 봐. 저런 걸 외유내강이라고 하지, 흠흠……"

진형이가 고사성어를 인용하며 잘난 척을 하자 호철이가 입을 삐죽거렸습니다.

"야, 저것이 진짜 못처럼 강한지 아니면 그냥 툭 떨어져 버리는 스티커일 뿐인지 어떻게 알아?"

"넌 눈앞에서 보고도 모르냐? 요즘 중소기업에서는 저렇게 획기적인 상품들을 개발해서 많이 팔고 있단 말이야."

"저게 그렇게 좋으면 많은 사람들이 살 테고 그럼 큰 대리점에서 팔아야지 왜 지하철에서 장사를 하고 있겠냐?"

이번에는 종희가 아저씨의 말을 못 믿겠다는 듯 말했습니다.

"저렇게 작은 물건을 대리점에서 팔겠냐? 홍보 차원에서 파는 거지. 그만큼 우리나라는 대기업 중심이라 중소기업이 살기 어렵다는 말이야. 나 저거 살래. 액자도 걸고 가방도 걸어야지."

진형이는 주머니를 뒤적였습니다.

"이 '절대 빠지지 않는 붙이는 못'은 단돈 천 원입니다. 필요하신 분은 제가 지나갈 때 말씀해 주세요."

아저씨는 붙이는 못을 들고 승객들 사이를 돌아다녔습니다. 여기저기서 사려는 사람들이 많았습니다. 진형이도 못을 샀습니다. 못이라기보다는 스티커에 더 가까워 보였고, 천 원짜리 한 세트에 6개가 들어 있었습니다.

"'절대 빠지지 않는 붙이는 못'이라니, 정말 말도 안 돼! 붙였는데 어떻게 절대 빠지지 않겠어. 그래, 붙이는 못이니까 절대 빠지지는 않겠다. 떨어지긴 하겠지만. 나중에 못 떨어졌다고 항의하면 왜 그런 말을 자기한테 하느냐고 할걸. 빠지지 않는다고 했지 떨어지지 않는다는 말은 안 했으니까."

못을 산 진형이가 마음에 들지 않는 듯 종회가 팔짱을 끼며 말했습니다.

"어쨌든 샀으니까 저 아저씨의 말을 믿어 볼 수밖에."

호철이가 말했습니다.

"장사꾼의 말에 놀아나는 진형이가 한심해서 그래. 물건을 파는 사람들이 다 좋다고 하지 나쁘다고 하냐? 정말 한심해. 이렇게 물건을 팔면서 적합하지 않은 단어나 이름을 붙이면 사람들이 헷갈리지 않겠어? 잘못된 언어를 사용하면 언어와 실제 물건 사이에 혼란이 생기잖아. 언어가 있다고 해서 실재가 있는 건 아니니까. 이런 물건을 살 때는 요모조모 자세히 뜯어봐야 해. 그래야 이런 말도 안 되는 일들을 방지할 수 있지."

종회의 말에 진형이는 화가 났습니다.

"네가 산 것도 아니면서 왜 그래? 내가 좋아서 사겠다는데!"

진형이는 조금 화가 난 것 같았습니다.

"우리 엄마도 예전에 전철에서 아빠 드린다고 전기 면도기를 산 적이 있었어. 면도날을 교체하지 않아도 되고 충전만 하면 오래

쓴다고 그러더래. 그러나 웬걸, 충전한 지 얼마 되지 않아 금방 전지가 닳아 버리고 날도 무뎌져서 교체하려고 했는데 대리점이 없어 애프터서비스도 받지 못하고 버려야 했어. 모두 장사꾼들의 말장난에 속은 거라고."

종회의 말에 호철이는 자기도 모르게 고개를 끄덕이다가 진형이의 눈치를 살폈습니다.

"그래도 아까 아저씨가 타일에 붙였을 때는 단단하게 잘 붙었잖아."

진형이는 종회와 생각이 달랐습니다. 아저씨를 믿고 싶었지요.

"잠깐이야 붙어 있겠지. 절대 빠지지 않나 두고 보라고."

"왜 자꾸 그래? 내가 좋아서 샀는데……."

"좀 객관적으로 판단하라는 거야. 남의 말에 속아 넘어가지 말고. 너희들 모순이라는 단어 알지? '모든 방패도 뚫을 수 있는 창'과 '모든 창도 막을 수 있는 방패' 이야기! 세상에 그런 말도 안 되는 게 어딨어? 그러니 그걸 '모순'이라고 하는 거야. 저런 잘못된 말 때문에 사람들이 사실을 오해하게 되는 거라고."

종회가 답답하다는 듯 한숨을 쉬며 말했습니다.

"종회의 말을 듣고 보니, 정말 아까 그 아저씨의 말이 좀 애매하

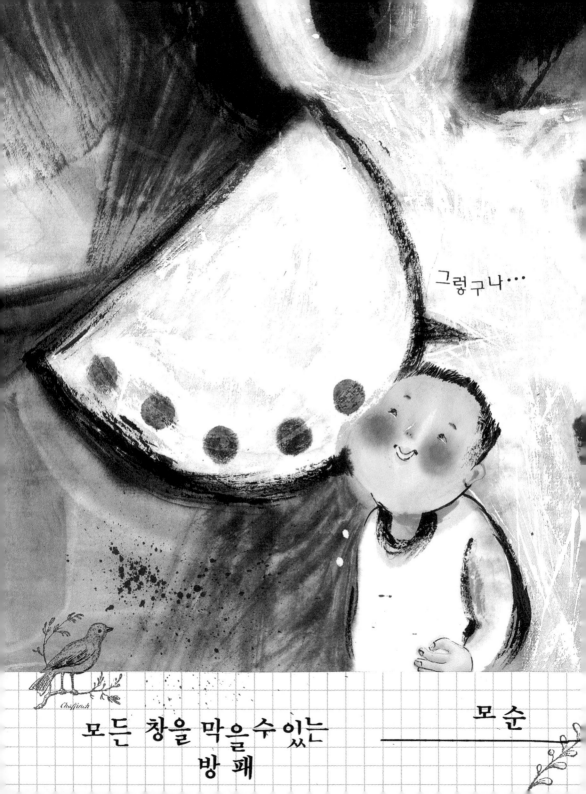

그렁구나…

모든 창을 막을수 있는
방패

모순

정말 정말……

모든 방패를
뚫는 창

다. 진짜 이 못이 빠지지 않는지도 의심이 가고."

호철이도 고개를 갸우뚱거렸습니다.

"너까지 왜 그래? 내 돈 주고 내가 샀는데!"

진형이는 기분이 언짢았습니다. 사람이 사람의 말을 믿는다는 것이 왜 나쁘다는 건지 이해할 수가 없었어요.

진형이는 이 못에 액자와 가방을 보란 듯이 걸어 놓고 친구들을 불러 보여 주어야겠다고 생각했습니다.

3 능소화가 피어 있는 집

우리 삼총사는 '절대 빠지지 않는 붙이는 못'으로 인한 실랑이 때문에 집까지 오는 내내 서먹서먹했습니다. 그러나 진짜 귀신의 집에 가 봐야 한다는 생각에는 변함이 없었지요. 우리가 놀이동산에 갔다 온 것도 그 때문이니까요.

3시에 만나기로 하고 헤어진 우리 삼총사는 말하지 않아도 언제나처럼 능소화가 핀 집 앞에서 만났습니다.

가장 먼저 온 종희가 바닥에 떨어진 능소화 꽃을 집어 들었습니다. 꽃을 귀에 대 보기도 하고 입에 물고 나팔처럼 불어 보기도 했습니다. 아직 호철이와 진형이가 오지 않자, 이번에는 팔짝팔짝 뛰어 담장 너머를 바라보았습니다. 그때 호철이와 진형이가 가쁜 숨을 몰아쉬며 뛰어왔습니다.

"먼저 와 있었구나?"

호철이가 헐떡거리며 말했습니다.

"뭐가 좀 보여?"

이번에는 진형이가 팔짝팔짝 뛰며 담장 너머를 보려고 애를 썼습니다.

"아니, 아무래도 안에 들어가 보지 않으면 모르겠는걸."

종희는 고개를 갸우뚱거렸습니다.

"정말 귀신이라도 나오면 어쩌려고?"

호철이는 몸을 떠는 흉내를 냈습니다. 호철이가 본 공포 영화에서는 대부분 이런 집에 귀신이 살았기 때문입니다.

"설마 진짜 귀신이 나오겠어?"

진형이가 말했습니다.

"그럼 아이들이 들었다는 '드르륵드르륵' 소리는 뭐야?"

종희는 귀신이 있다고 믿는 눈치였습니다.

"글쎄, 그걸 모르겠다니까. 분명 인기척이 들렸으니 사람이 사는 건 분명한데. 너희들도 보다시피 이런 집에 사람이 살 것 같지는 않잖아?"

호철이도 알 수 없기는 마찬가지였습니다.

삼총사는 나란히 그 집을 올려다보았습니다. 담장 너머로 쑥 자라 올라온 풀들과 나뭇잎이 무성해 안이 잘 보이지 않았지만 정말 귀신이라도 불쑥 나올 것 같은 흉가가 그 안에 있을 것만 같았습니다. 능소화의 꽃과 잎에 둘러싸인 대문에는 어떤 문패도 보이지 않았습니다.

"정말 알 수가 없단 말이야. 사람이 산다면 물건도 사야 하고 쓰레기도 버려야 하니 분명 사람이 밖으로 나올 텐데……."

진형이가 중얼거렸습니다.

"혹시 얼굴이 흉측하게 생긴 괴물 같은 사람이 사는 건 아닐까?"

종회가 겁을 주며 말했습니다.

"말도 안 돼."

호철이가 어이없다는 표정을 지었습니다.

"이를 테면 슈렉 같은 사람 말이야. 늪지대에 사는 초록 괴물. 자신의 모습이 너무 흉측해서 차마 밖으로 나올 수가 없는 거야. 사람들이 자신의 모습을 보고 놀라서 달아날까 봐."

종회는 진지하게 말했습니다.

"과연 그럴까? 혹시 아무도 안 살지도 몰라. 물론 드르륵 소리는 바람 소리일 수도 있고, 쥐나 고양이가 내는 소리일지도 모르잖아."

진형이는 귀신이나 괴물 같은 게 살지 않는다고 믿고 싶었습니다.

"아냐, 사람이 사는 건 분명해. 밤에 이 집에 불이 켜져 있는 거 못 봤어?"

호철이가 말했습니다.

"넌 봤어?"

종회가 물었습니다.

"아니, 담이 높아서 정확하게 본 것은 아니지만 빛이 새어 나왔다니까. 그건 분명해!"

호철이는 확신했습니다.

"설마…… 도깨비불 아니야?"

시골에 놀러 갔다가 우물 주변에 빙글빙글 돌던 불을 본 적이 있는 종회가 말했습니다. 시골 사람들은 그것을 도깨비불이라고 불렀습니다.

"세상에 도깨비가 어딨냐?"

진형이가 큰 소리로 말했습니다.

"귀신은 있는데 도깨비가 없겠어? 도깨비는 밤마다 불을 밝히고 춤을 추며 논다잖아."

삼총사는 이야기를 하면 할수록 더 미궁 속으로 빠져드는 것 같았습니다. 사람이 사는 것도 같고 귀신이 사는 것도 같고, 괴물이 사는 것도 같고 짐승이 사는 것도 같고…… 또 한편으로는 아무도 살지 않은 것도 같았습니다.

4 지금 알고 있는 것이 전부가 아니야!

"내게 좋은 방법이 있어."

오랜 침묵을 깨고 진형이가 말했습니다.

"뭔데?"

호철이와 종회가 코끝이 맞닿을 듯 바짝 다가섰습니다.

"아주 간단해. 한번 들어가 보는 거야."

진형이는 주먹을 불끈 쥐었습니다. 그러나 종회와 호철이는 고개를 절레절레 저었습니다.

"그걸 말이라고 해? 정말 귀신이나 슈렉이 나오면 어쩌려고?"

호철이가 몸을 부르르 떨었습니다.

"그렇다고 이렇게 추측만 하고 있을 거야? 직접 들어가 봐야 귀신이 있는지 슈렉이 있는지 알 수 있지."

"그래도……."

진형이의 말에 종회와 호철이는 망설였습니다.

"내 말을 잘 듣고 생각해 봐. 긴 동굴이 있어. 동굴의 맨 안쪽은 아주 캄캄해. 전에 귀신의 집에 갔을 때를 생각하면 되겠다. 그렇게 캄캄한 곳에 죄수들이 동굴 벽 쪽을 향해 묶여 있어. 이 죄수들은 너무 오랫동안 그곳에 그런 자세로 묶여 있어서 이 세상은 캄캄하기만 하다고 생각하는 거야. 이 단계가 가장 제멋대로이고 주관적으로 아는 '신념의 단계'래. 더 넓은 세계가 있다는 것을 제대로 파악하지 못하는 폐단을 말하는 것이지."

진형이는 진지하게 말했습니다.

"그게 무슨 말이야? 갑자기 웬 동굴?"

"플라톤이라는 그리스 철학자가 동굴에 비유해서 우리의 '참다운 앎'에 대해 설명한 적이 있거든."

"참다운 앎?"

"그래, 우리가 이 집에 들어가 보지도 않고 추측만 하는 것은 플라톤의 표현을 빌리면 동굴 안에 갇혀 있는 것에 지나지 않아."

"그래서 그 죄수들은 어떻게 됐어?"

"죄수들은 이 캄캄한 것을 '참다운 앎'으로 여기는 거지."

"헤헤, 참 어리석다."

호철이가 말했습니다.

"그런데 상황이 바뀌어서 우연히 묶였던 끈이 풀리고 죄수들이 몸을 돌려서 동굴 입구를 향해 걸어 나온다고 가정해 봐. 동굴 벽 여기저기에 놓인 횃불로 인해 사람이나 바위의 그림자들이 너울거리고 있어. 죄수들은 이제 캄캄한 것은 참답지 못하고 너울거리는 그림자가 참다운 앎이라고 믿겠지? 이 단계를 신념의 단계보다는 수준이 높은 '추측의 단계'라고 해."

"그것 역시 어리석기는 마찬가지 아냐. 아직 환한 세상을 본 게 아니잖아."

종회가 말하자 호철이가 고개를 끄덕였습니다.

"맞아, 죄수들이 동굴 입구 쪽으로 다가갈수록 사물들이 더욱 또렷하게 보이겠지? 아직 사물들이 명확하게 드러나지는 않을지라도 사물들은 질서와 체계를 지닌 것으로 보이는 거야. 이 단계가

바로 '수학적 앎의 단계' 야."

진형이는 마치 선생님처럼 설명했습니다. 신념의 단계, 추측의 단계, 수학적 앎의 단계와 같은 단어를 써 가면서 말을 하니 오늘따라 진형이가 똑똑해 보이기까지 합니다.

"이 정도 되면 어느만큼 안다고 할 수 있는 것 아니야?"

"아직 아냐. 동굴을 완전히 벗어나야 그 단계에 이를 수 있어."

종회의 물음에 진형이 대신 호철이가 대답했습니다.

"맞아, 죄수들이 이제 막 동굴을 벗어났어. 그리고 환한 빛을 보게 된 거지……."

"그런데 진형아! 깜깜한 곳에 있다가 갑자기 밝은 곳으로 나오면 아무것도 안 보일 텐데."

호철이가 진형이의 말을 끊고 말했습니다.

"맞아!"

종회도 맞장구를 쳤습니다.

"너희 말대로 처음에는 눈이 부셔서 아무것도 볼 수 없겠지만, 빛에 익숙해지면 점점 사물이 또렷이 보일 거야. 그러면 이윽고 모든 것을 참답게 보면서 '세상이란 이런 것이구나!' 하고 감탄사를 연발하겠지. 이것이 곧 '참다운 앎' 이야."

종회와 호철이가 고개를 끄덕였습니다.

"그런데 그런 이야기는 어디서 들었냐?"

호철이가 진형이의 머리를 쓰다듬으며 물었습니다.

"어디서 듣긴? 책에서 읽은 거야. 〈철학자가 들려주는 철학 이야기〉 시리즈 있지? 거기에 '플라톤편'도 있어."

"노는 줄만 알았는데 공부를 다 한단 말이지? 대단한걸."

호철이의 칭찬에 진형이는 어깨가 으쓱해졌습니다.

"그런데 우리가 이 집에 들어가려는 것과 동굴이 무슨 상관이 있다는 거야?"

종회가 물었습니다.

"우리가 여기 서서 이렇게 추측만 한다는 것은 동굴 속에서 바깥 세상에 대해 이러쿵저러쿵 말하는 것과 다를 게 없다는 얘기야. 그러니까 일단 집에 들어가 봐야 한다는 거지."

진형이는 당연한 것을 묻느냐는 표정으로 말했습니다.

"참다운 앎을 위해 이 집에 들어가겠다는 건 좋은데 어떻게 들어가겠다는 거야? 초인종을 누르고? 그러다 정말 괴물이라도 나오면 어떻게 해?"

갑자기 종회가 심각한 얼굴로 말했습니다.

"설마……."

호철이도 겁을 먹긴 마찬가지였습니다.

"누가 초인종을 누르고 들어가자고 했냐? 나도 사실은 괴물 같은 사람이 나올까 봐 두렵단 말이야."

진형이의 목소리가 기어 들어갔습니다.

"그럼 어떻게 들어가?"

호철이의 눈이 동그래졌습니다.

"담을 넘어가는 거지."

진형이는 간단한 일이라는 듯 아무렇지 않게 대답했습니다.

"몰래?"

종회와 호철이가 동시에 물었습니다.

"그래, 들키지 않게 몰래 들어가서 살짝 보고만 오자고. 대체 저 담 안에는 뭐가 있는지 말이야. 눈으로 직접 봐야 뭐가 뭔지 짐작이라도 할 것 아니야."

"글쎄……."

호철이는 썩 내키지 않았습니다.

"왜? 겁나?"

진형이가 호철이를 놀리듯 말했습니다.

"겁나긴…… 들켜서 우릴 도둑으로 알고 경찰에 신고하면 어떻게 해?"

호철이는 인상을 찌푸렸습니다.

"그건 그래. 남의 집에 몰래 들어가는 건 범죄야."

종회가 심각하게 말했습니다.

"만약 무턱대고 초인종을 눌렀다가 정말 괴물 같은 사람이 나타나 우리를 위협하면 어떻게 하니? 그것보다는 몰래 들어가서 살짝 보고 나오는 게 낫지 않겠어?"

진형이가 큰 소리로 말했습니다.

"그건 그래."

호철이가 고개를 끄덕였습니다.

"가장 좋은 방법은 안 들어가는 거지만, 그러기엔 저 집에 누가 사는지, 그가 어떻게 생겼는지 궁금해 죽을 지경이야. 이곳이 어떤 곳일 거야 하고 지레짐작해서는 참다운 앎을 얻을 수 없지 않겠어?"

종회도 진형이의 생각에 조금은 동의하는 것 같았습니다.

"그러니까 우리 용감하고 지혜로운 삼총사가 그냥 넘어갈 수 없잖니?"

진형이가 동의를 구하듯 종회와 호철이를 번갈아 쳐다보았습니다.

"그래, 해 보자. 담을 넘는 거야. 아무도 살지 않을지도 모르잖아. 또 의외로 착한 사람이 살고 있을지도 모르고."

종회가 결심했다는 듯 말했습니다.

"우리 담을 넘어 들어가는 것으로 의견 일치를 본 거다?"

진형이가 다짐하듯 물었습니다.

"그래!"

"좋아!"

호철이와 종회가 말했습니다.

삼총사는 주먹을 모아 '이얍!' 하고 기합 소리를 냈습니다.

그런데 삼총사는 곧 커다란 난관에 부딪혔습니다. 아이들이 훌쩍 뛰어넘기엔 담이 너무나 높았기 때문이지요.

한참을 궁리하던 삼총사는 계획을 수정했습니다. 담이 아닌 대문을 넘기로요. 정확하게 말하면 대문과 능소화 나무 사이이지요. 능소화 나무에 가려져 있어 몰랐는데 그 사이에 사람 하나 드나들 만한 틈이 있었습니다.

먼저 주위에 버려진 등받이가 부서진 의자를 가져와 그것을 딛고 능소화나무를 의지해 훌쩍 뛰어오릅니다. 그렇게 하면 대문 사이의 틈에 몸이 살짝 걸쳐지는데 그때 재빨리 몸의 무게를 대문 위에 실어 뛰어내리면 대문 안으로 떨어지게 됩니다.

　가장 두려워하던 종회가 첫 번째로 대문을 넘었습니다. 삼총사 중에서 제일 날렵하고 운동도 잘했거든요. 이어서 호철이와 진형이가 차례로 대문 안으로 뛰어내렸습니다.

베이컨의 사상

　베이컨은 전통적인 과학자나 철학자는 아닙니다. 어떻게 보면 창의적인 철학자라고 할 수 있습니다. 왜냐하면 그는 학문의 방법론과 학문의 목적에 대한 참신한 아이디어를 냄으로써 그 이후의 학문 및 자연과학의 방향을 제시했기 때문이지요.

　베이컨은 새로운 발명이나 발견만이 제일이라고 보지는 않았습니다. 그는 '아는 것이 힘이다' 라고 확신했지요. 베이컨 그의 저서 ≪자연의 해석≫ 머리말에서 '자연의 빛' 을 밝게 빛나게 해야 한다고 역설했지요.

　자연의 빛이란 바로 자연에 관한 지식입니다. 자연에 관한 지식은 다름 아닌 자연과학이지요. 자연의 빛을 빛낼 수 있는 사람은 우주의 감추어진 비밀을 드러냄으로써 인류의 행복한 삶에 공헌할 수 있다고 보는 것이 베이컨의 믿음이었습니다.

　베이컨 자신은 자연의 빛, 곧 진리에 대해서 자기만큼 친숙한 사람이 없다고 생각했습니다. 그는 탐구욕이 강했고, 깊이 있게 생각했으며, 문제를 거듭해서 고찰했고, 신중하게 단언했으며 조심스럽게 탐구 문제를 정리했지요.

또한 베이컨은 감각 경험과 구체적인 실천을 중요시했습니다. 베이컨은 대부분의 저술에서 자연철학 내지 자연과학은 고대로부터 현재까지 전혀 발달하지 못했을 뿐만 아니라 현재의 철학자들은 자연에 관해서 오히려 고대 그리스의 철학자들보다도 아는 것이 적다고 주장했지요.

베이컨은 원래 총명한데다가 법률가 및 정치가로서도 많은 사람들을 만나 교류했고, 당시 영국의 정치, 법, 학문, 과학 등의 수준에 대해 빠삭하게 알았기 때문에 실제적인 현실을 직시할 줄 알았으며, 특히 자연과학의 개혁을 통해 참다운 행복과 진리를 얻을 수 있다고 굳게 믿었습니다. 그래서 베이컨은 마르코 폴로의 지리적 탐험, 화약과 인쇄술의 발명, 코페르니쿠스와 갈릴레이의 지동설 주장 등 천문학상의 새로운 발견 등에 지대한 관심을 보였어요.

베이컨은 플라톤 철학이 어떻고 아리스토텔레스 철학이 어떻고 하는 등 소위 철학자들의 사상을 되뇌면서 해석하는 철학을 무용지물로 보았습니다.

'자연에 눈을 돌리자' 는 것이 베이컨의 주된 생각입니다.

순수한 정신이나 신이 세계 만물의 근원이라고 주장하고, 그로부터

우주 만물의 생성 소멸을 주장하는 전통 형이상학이야말로 베이컨이
보기에는 인간에게 아무런 새로운 것도 주지 못할 뿐만 아니라 지식
의 발전에도 기여하는 것이 없다고 보았습니다.

　그래서 베이컨은 새로운 세계와 사회를 만들기 위해서는 새로운 과
학이 절실히 필요하다고 주장한 것입니다.

2

높은 담 안쪽에
숨겨져 있던 진실

 기회는 발견될 때마다 놓치지 말고 잡지 않으면 안 된다.

− 베이컨

1 담을 넘다

삼총사는 숨을 죽이고 집 안으로 발걸음을 옮겼습니다.

그러나 채 몇 걸음도 가지 않아 놀라서 그만 눈이 동그래졌습니다. 담장 주위로 풀과 나무 몇 그루가 불쑥 올라와 있을 뿐, 마당 안은 잔디가 깔리고 말끔하게 손질이 되어 있었기 때문입니다. 그리고 마당 한구석에는 기다란 장대들이 하늘을 향해 높이 솟아 있었습니다. 장대 끝에는 새 한 마리가 앉아 있었고요.

삼총사는 저렇게 높은 장대 위에 어떻게 새가 앉아 있을 수 있는지 의아했습니다. 바람이 불 때마다 새들은 위태롭게 이리저리 흔들렸습니다.

"저거 새 맞지?"

"응."

진형이가 묻자 삼총사 중에서 키가 제일 큰 호철이가 고개를 쭉 내밀어 확인하고는 대답했습니다.

"그런데 좀 이상해."

장대 끝을 바라보던 종회가 말했습니다.

"뭐가?"

"새가 가짜 같아."

진형이와 호철이도 다시 한 번 새를 자세히 올려다보았습니다.

"정말! 가짜 새가 맞아!"

호철이가 큰 소리로 말했습니다. 그러자 종회와 진형이는 손을 입술에 갖다 대며 조용히 하라고 했습니다.

"나무로 만든 것 같아."

진형이가 조용조용 말했습니다.

"저기 봐!"

종회가 다시 소리쳤습니다.

이번에는 호철이가 '쉿!' 하며 검지를 입술에 갖다 댔습니다. 종회가 알았다는 듯 고개를 끄덕였습니다.

호철이와 진형이는 종회가 가리킨 곳을 쳐다보았습니다. 대문을 넘을 때는 자세히 보지 못했는데, 대문 옆에는 시골 마을 입구나 박물관 같은 데서나 볼 수 있는 천하대장군과 지하여장군 모양의 장승이 서 있었습니다. 그 옆에는 아직 다듬지 않은 나무가 잔뜩 쌓여 있었습니다. 아마도 장대로 다듬으려고 쌓아 놓은 것 같았습니다.

"사람이 살고 있는 건 분명한 것 같아."

호철이가 개미가 기어가는 듯한 목소리로 말했습니다.

진형이와 종회도 조용히 고개를 끄덕였습니다. 삼총사는 약속이라도 한 듯 동시에 집을 바라보았습니다.

넓은 마당에 비해 집은 작았습니다. 반면에 창은 아주 넓었어요. 거의 벽면 전체가 유리로 되어 있어 창인지 문인지 분간할 수가 없었습니다. 그리고 창에는 하얀 커튼이 쳐져 있었어요.

삼총사는 안을 볼 수 없어 속상했지만, 한편으로 안에서도 밖을 볼 수 없을 거라 생각하니 다행스럽기도 했습니다.

"대체 이건 뭐 하는 물건일까?"

호철이의 말에 아이들은 다시 새가 앉아 있는 긴 장대를 바라보았습니다.

"⋯⋯."

"⋯⋯."

그들 모두 처음 보는 것이었습니다. 그러니 대답을 못 할 수밖에요.

그때였어요. 누군가 집 안에서 삼총사를 지켜보고 있는 것만 같은 기운이 느껴졌습니다.

"누군가 우리를 보고 있는 것 같아."

"나도 그런 느낌이 들었는데."

"나도."

삼총사는 텔레파시가 통한 것처럼 똑같이 말했습니다. 그러나 넓은 창문은 여전히 굳게 닫혀 있었어요. 삼총사는 몸이 떨리고 소름이 돋았습니다. 그때 어디선가 '드르륵드르륵' 소리가 들려왔습니다.

"엄마야!"

귀신이라도 본 듯 삼총사는 소리를 질렀습니다. 누가 먼저랄 것도 없이 대문을 열고 밖으로 뛰쳐나왔습니다. 아이들은 순식간에 저 멀리 도망쳤습니다. 누군가 나와 대문을 닫았는지 살펴볼 겨를도 없었지요. 모두들 겁에 질려 뒤도 돌아보지 못했으니까요.

"그런데 그게 뭐였을까?"

"정말 궁금해 죽겠어."

"휴!"

삼총사는 며칠 후 그 집 앞에 다시 모였어요. 그러고는 각자 생각에 빠져 중얼거렸지요.

비가 이틀 동안 내리 내렸습니다. 그 바람에 능소화 꽃은 다 떨어지고 잎만 몇 개 남아 있었습니다. 바람도 제법 차가워졌어요. 가을이 깊어 가고 있었지요.

삼총사는 한참 동안 입을 다물고 있었습니다. 서로 말은 하지 않았지만 마음속으로는 모두 그 집 마당에 세워져 있던 장대 끝에 앉은 새를 떠올리고 있었지요.

"그런 걸 왜 만들었을까?"

종회가 한숨을 푹 내쉬며 말했습니다. 도무지 그 이유가 뭔지 모르겠다는 뜻이었어요.

"뭔지는 모르지만 그 장대에 담긴 뜻이 있을 거야."

진형이는 장대에 알 수 없는 어떤 뜻이 담겨 있을 것만 같았습니다.

"내가 보기엔 말이야······."

호철이의 말에 종회와 진형이가 호철이 옆으로 바싹 다가앉았습니다.

"그 새 말이야······."

호철이의 말은 더욱 궁금증을 불러일으켰습니다.

"그 새······ 왠지 슬퍼 보이지 않았니?"

호철이의 말에 종회와 진형이는 '에이' 하며 실망했습니다.

"그게 뭐 어쨌다는 건데?"

종회는 괜히 짜증이 났습니다.

"나무로 깎아 만든 새가 어떻게 슬퍼 보이고 기뻐 보이고 그러겠냐? 그냥 나무는 나무지, 뭐."

진형이도 호철이가 한심스러웠습니다.

"그게 아니지. 너희들 조각 공원에서 조각 작품들 안 봤어? 그 조각들은 그냥 나무이거나 쇠붙이지만 예술가의 정신이 깃들어 있는 것 아니야? 작가가 어떤 의도로 그 작품을 만들었느냐에 따라 작품의 제목이 정해지기도 하고 또······ 그래! 그것을 보는 사람이 감동을 받고."

호철이가 장황하게 설명했습니다.

"그래서? 그게 어쨌다는 건데?"

종회는 호철이의 말이 끝내 이해되지 않았습니다.

"그래서 그게 무슨 뜻이냐고?"

진형이도 마찬가지였습니다.

"그거야 나도 모르지. 내가 보기에 그 장대 끝에 홀로 앉아 있던 새가 왠지 슬퍼 보인다는 거지. 그러니까 그것을 만든 사람의 슬픈 마음이 그것을 만들게 하고 감상하는 게 아닐까? 조각 작품을 만드는 작가들처럼 말이야."

호철이는 다시 한 번 자신의 생각을 말했습니다. 종회와 진형이도 이번엔 아무 말도 하지 못했어요. 어쩌면 호철이의 말이 맞는 것도 같았기 때문입니다.

"날고 싶어도 날지 못하고 장대 끝에 매달려 먼 하늘을 바라보는 모습이 마치 자신의 운명을 슬퍼하는 것 같단 말이야."

호철이는 으쓱해하며 마치 시를 읊듯이 중얼거렸습니다.

"아무리 그렇다고 그렇게 많이 만들어 놔? 하나만 만들어도 충분하지. 할 일 없는 사람처럼 새를 왜 그렇게 많이 만들었을까?"

종회는 호철이의 말이 이해는 됐지만 사실과는 다르다고 생각했습니다.

"내가 보기엔 아무 뜻 없이 만들어 놓은 것 같아. 그냥 한번 만들어 봤는데 재미있어서 한 개 만들고 또 만들고 해서 그렇게 많아진 거지."

종회의 말에 이번에는 호철이와 진형이가 고개를 가로저었습니다.

"말도 안 돼. 그렇다고 똑같은 걸 그렇게 많이 만들어 놓겠냐? 할 일 없이."

진형이는 손사래를 쳤습니다.

"마치 새가 우리의 마음을 알고 있기라도 하듯 답답하고 슬픈 표정이었는데……."

호철이는 종회와 진형이의 비아냥거림에도 아랑곳하지 않고 새가 슬퍼 보인다는을 계속했습니다.

"그게 아니야!"

갑자기 진형이가 소리쳤습니다.

"무슨 말이야?"

호철이와 종회는 눈을 동그랗게 뜨고 진형이를 바라보았습니다.

"좀 더 과학적으로 접근해 봐야 하지 않겠니? 주변 상황을 잘 살펴보고 나서 그것을 바탕으로 사실에 가까운 유추를 해야지, 뭐

인간의

생물학적 특징이나

사회적 편견을 가지고

사물을 바라보는 건 **오류**

대충 생각나는 대로 말하면 되겠냐? 우리가 목적을 가지고 어떤 행위를 한다는 이유로 자연에 대해서도 같은 견해를 갖는 건 곤란해. 그건 인간의 생물학적 특징이나 사회적 편견을 가지고 사물을 바라보는 오류에 해당하지."

진형이의 잘난 척하는 듯한 말에 호철이와 종회는 기분이 언짢았습니다.

"그러니까 넌 뭐 알아낸 것 있어? 생각이나 해 봤냐고?"

호철이는 진형이가 지금까지 입을 다물고 있다가 불쑥 내뱉는 말에 화가 났습니다. 자신들의 이야기에 트집을 잡는 것 같았거든요. 종회는 호철이에게 진형이의 말을 좀 더 들어 보자고 했습니다.

"너희들 마당에서 장대 말고 뭐 본 것 없어?"

"……."

종회와 호철이는 생각나는 것이 없다는 듯 고개를 저었습니다.

"에잇, 잘 생각해 봐. 장승을 봤잖아."

진형이가 말했습니다.

"맞아, 장승!"

호철이와 종회가 동시에 소리를 질렀습니다.

"천하대장군과 지하여장군, 알지?"

"그럼."

"그건 옛날부터 마을 입구에 세워 놓고 마을과 마을 사람들의 안녕을 기원하던 물건이야. 일종의 마을 수호신이랄까. 사회 시간에 배워서 다들 알고 있잖아. 액을 막아 주고 마을을 지켜 주는 장승 말이야."

진형이가 진지하게 말했습니다.

"그런데 그게 어쨌다는 거야?"

진형이가 뜬금없는 이야기를 꺼내는 것 같아 종회가 짜증스럽게 물었습니다.

"장대도 장승과 같은 의미가 아닐까? 마을을 지켜 주는 수호신 같은 거. 우리 민족은 원래 미신을 믿어서 저런 걸 마을에 많이 만들어 놓았어. 저것도 그런 역할을 하지 않을까 싶어."

삼총사는 또 말없이 생각에 잠겼습니다.

"그런데 이상하지 않아? 왜 그걸 자기 집 마당에 만들어 놨을까?"

호철이가 풀리지 않는 수수께끼를 떠안은 사람처럼 심란한 표정을 지었습니다.

"그건 잘 모르겠어. 나도 그 이유가 궁금해."

진형이가 말했습니다.

"도대체 저 집에 사는 사람은 누굴까?"

"뭘 하는 사람일까?"

"어떻게 생겼을까?"

삼총사는 궁금증만 더해 갔습니다.

"너희도 그 소리 들었지?"

종회가 갑자기 생각났다는 듯 물었습니다.

"드르륵드르륵!"

진형이가 그때 들었던 소리를 흉내 냈습니다.

"응, 뭔가 바닥에 끌리는 소리 같았어."

호철이가 당시를 떠올리며 말했습니다.

"깜짝 놀라 죽는 줄 알았어."

종회가 눈을 질끈 감았습니다.

"그때 도망치는 게 아니었어. 저 집에 누가 사는지를 봤어야 했는데……."

진형이가 말했습니다.

"짜식, 자기가 가장 먼저 도망쳤으면서."

호철이가 진형이를 보며 웃었습니다.

"내가 언제? 호철이 네가 먼저 도망쳤잖아."

"아니야!"

호철이가 버럭 소리를 질렀습니다.

"그럼 종회가 가장 먼저 도망쳤나?"

진형이가 종회를 쳐다보았습니다.

"동시에 다 같이 도망쳤어."

"그러니까 도망치지 말고 저 집에 사는 사람을 눈으로 확인했어
야 했는데……."

진형이가 안타깝다는 듯이 말했습니다.

"어떻게 확인하냐? 사실 우리가 몰래 대문을 넘어 들어간 건데
주인한테 걸려서 도둑으로 몰리면 어쩌려고."

"맞아, 아마 경찰서로 끌려갔을지도 몰라."

호철이가 가슴을 쓸어내렸습니다.

"경찰서로 끌려가면 그나마 다행이지. 만약 저 집에 사는 사람이
괴물이었거나 무당이었으면?"

"무당?"

진형이의 엉뚱한 말에 호철이와 종회가 눈을 동그랗게 떴습니다.

"장승이나 장대를 세워 놓은 걸 보니 혹시 무당이 아닐까라는 생

각이 들었어. 무당들은 원래 집 앞에 장대 같은 거 세워 놓잖아. 붉은 천을 달아서 말이야."

진형이는 점집 앞에 세워져 있던 붉은 천을 매단 장대를 떠올렸습니다.

"그런가? 무당이면 신들린 사람 아냐?"

종희는 갑자기 소름이 돋는 것 같았습니다.

"그렇겠지?"

호철이도 몸을 으스스 떨었습니다.

"으악! 생각만 해도 무섭다. 그 사람이 신들려서 우리를 해코지하면 어떻게 해?"

"설마…… 하기야 무당들은 작두 위에서 춤도 추고 칼 같은 걸 들고 막 뛴다던데…… 끔찍해!"

삼총사의 생각은 점점 괴기스런 공포 영화가 되어 갔습니다.

"애들아, 잠깐만. 무당이 아닐지도 몰라. 언젠가 시골 마을을 지나다가 장승을 본 적 있거든. 무당 집 앞에 장승을 세워 놓지는 않잖아?"

종희가 갑자기 무릎을 치면서 말했습니다.

"그래."

호철이가 고개를 끄덕였습니다.

"우리……."

진형이가 슬그머니 말했습니다.

"우리, 뭐?"

종회와 호철이가 동시에 물었습니다.

"다시 들어가 볼래?"

진형이는 종회와 호철이의 눈치를 살폈습니다.

"이 집에 다시 들어가 보자고?"

호철이가 등 뒤의 집을 가리켰습니다. 삼총사는 대문 너머를 올려다보았습니다.

"난 무서운데……."

호철이가 말끝을 흐렸습니다.

"그래도 궁금하잖아."

진형이가 말했습니다.

"그렇긴 해."

종회는 집에 다시 들어가 보고 싶은 눈치였습니다.

"그럼, 들어가 보자."

진형이가 주먹을 쥐었습니다.

"또 대문을 넘어서?"

호철이가 걱정스러운 듯 말했습니다.

"그건 아니지."

진형이가 단호하게 말했습니다.

"그럼?"

종회가 눈을 동그랗게 뜨며 물었습니다.

"초인종을 눌러서!"

"……."

진형이의 말에 두 사람은 갑자기 조용해졌습니다.

"누가 사는지 궁금하지 않니?"

진형이가 다그쳤습니다.

"그러다 정말 괴물이라도 나오면?"

키가 크면 싱겁고 겁이 많다더니 호철이는 겁이 나는 모양이었습니다.

"아닐 거야. 괴물이 저런 걸 만들지는 않아. 그리고 세상에 괴물이 어딨냐?"

종회가 호철이를 안심시켰습니다.

"그렇긴 하지만…… 또 모르잖아."

호철이는 여전히 마음이 놓이지 않았습니다.

"그래, 다시 들어가 보자. 우리 같은 어린애들을 함부로 하겠어? 그리고 어쩜 좋은 사람이 살고 있을지도 모르잖아."

진형이가 결심한 듯 말했습니다.

"그건 아닐 거야. 좋은 사람이 살고 있다면 저렇게 문을 꼭꼭 걸어 잠그겠어?"

종회가 말했습니다.

"내 생각도 마찬가지야."

호철이가 종회의 말에 동의했습니다.

"어쨌든 이 집에 들어가 보기로 하는 건 찬성이지?"

진형이가 다시 한 번 다짐하듯 물었습니다.

"응."

호철이와 종회는 마지못해 고개를 끄덕였습니다.

"지금 들어가자고?"

호철이가 주위를 돌아보며 물었습니다. 날이 어둑어둑해지고 있었습니다.

"오늘은 안 되겠지?"

진형이가 아쉬운 듯 말했습니다.

"응."

호철이가 잘됐다 싶어 대답했습니다.

"그럼 내일로 하자. 내일은 토요일이니까 학교 수업도 일찍 끝나잖아. 세 시에 여기로 오는 거야. 알겠지?"

진형이의 말에 종회와 호철이는 주먹을 꽉 쥐고 '파이팅!' 하며 소리를 질렀습니다.

2 그 집의 실체

오늘따라 능소화 줄기가 공포 영화에서 보았던 드라큘라의 성처럼 넝쿨져 있었습니다. 날씨마저 흐려 어두컴컴했고요. 곧 비라도 쏟아질 것만 같았지요.

"꼭 들어가야 할까?"

호철이가 떨리는 목소리로 말했습니다.

"그럼 넌 빠질래?"

종회가 괜한 소리를 해 보았습니다.

"누가 빠지겠다고 했어?"

호철이가 대꾸했습니다.

"그래? 그럼 네가 초인종 눌러."

종회가 피식 웃으며 말했습니다.

"내, 내가?"

"그럼, 씩씩한 네가 눌러야지 누가 누르겠니?"

진형이의 말에 호철이는 울상이 되었습니다.

"어서!"

종회가 다그쳤습니다.

"정말 나, 나더러 누르라고?"

호철이는 말을 더듬었습니다.

"그래!"

종회와 진형이가 동시에 말했습니다. 호철이는 손을 바르르 떨며 초인종에 손을 갖다 댔습니다. 종회와 진형이는 침을 꼴깍 삼키며 지켜보았습니다. 호철이는 초인종을 누를까 말까 망설였습니다.

"빨리!"

종회와 진형이가 재촉했습니다. 호철이는 눈을 질끈 감고 초인종을 눌렀습니다.

'띵동 띵동…….'

삼총사는 동시에 눈을 감았습니다. 인터폰 저편에서는 아무 소리도 들리지 않았습니다. 호철이가 다시 한 번 용기를 내어 초인종을 눌렀습니다.

'띵동 띵동.'

삼총사는 조심스럽게 귀를 기울였습니다. 그때였습니다.

"너희들이로구나."

인터폰에서 굵은 남자의 목소리가 들렸습니다. 삼총사는 깜짝 놀라 한 걸음 물러섰습니다.

"어서 오너라."

다시 한 번 인터폰에서 남자의 목소리가 들리더니 '철컥' 하고 대문이 열렸습니다. 삼총사는 어리둥절해서 대문 안으로 들어갔습니다.

가장 먼저 삼총사를 반긴 것은 천하대장군과 지하여장군이었습니다. 지난번에 도망쳐 나올 때는 몰랐는데 장승들을 자세히 보니 활짝 웃고 있었어요. 그리고 마당에 높이 솟아 오른 장대들도 그 길이가 모두 달랐지요. 하늘 높이 우뚝 솟아 있는 줄만 알았는데 삼총사 키만큼 작은 것도, 또 하늘에 닿을 듯이 긴 것도 있었습니다.

마당 안으로 들어섰는데도 남자 목소리의 주인공은 나타나지 않았습니다. 삼총사는 장대들 사이를 왔다 갔다 하면서 초조하게 집주인을 기다렸습니다.

"야, 분명히 우리더러 들어오라고 한 거 맞지?"

진형이가 개미만큼 작은 목소리로 물었습니다.

"아니, 그냥 어서 오라고 했는데."

종회가 숨죽여 말했습니다.

"그게 그거잖아."

진형이가 종회에게 꿀밤을 먹였습니다. 아팠지만 종회는 소리를 지르지 못했습니다. 호철이는 어깨를 움츠리고 대문 입구에 서 있었습니다.

"뭐 해? 안 들어오고."

종회가 말했습니다.

"발, 발이 떨어지지 않아……."

호철이가 겁에 질려 말했습니다.

"괜찮아. 아까 목소리 들어 보니까 무섭거나 화가 난 것 같지는 않았어."

진형이가 다가가 호철이의 손을 잡고 마당 한가운데로 데리고

왔습니다. 그때 '드르륵드르륵' 소리가 났습니다. 삼총사는 서로의 손을 꼭 잡았습니다.

이윽고 현관문이 열리고 주인이 나타났습니다. 삼총사는 입을 벌린 채 그를 바라보았습니다.

아저씨는 서른이 훨씬 넘어 보였고 두 어깨가 떡 벌어진 건장한 사람이었습니다. 하지만 얼굴 왼쪽이 붉게 일그러졌고 다리는 나뭇가지처럼 가늘었습니다. 휠체어에 몸을 의지하고 있었고요.

아저씨는 휠체어를 탄 채 '드르륵드르륵' 소리를 내며 삼총사 곁으로 다가왔습니다. 삼총사는 주춤주춤 두세 걸음 뒤로 물러나다가 발걸음을 멈추었습니다. 아저씨의 환한 미소 때문이었어요. 삼총사도 어색한 웃음을 지어 보였습니다.

"너희들 맞구나? 반갑다."

아저씨가 손을 내밀었습니다. 가장 겁이 많던 호철이가 아저씨의 손을 덥석 잡았습니다. 진형이와 종희는 호철이의 뜻밖의 행동에 어리둥절했습니다.

"우리를…… 알고 계셨어요?"

진형이가 물었습니다.

"그럼, 너희들 지난번에 우리 집 대문을 넘어 몰래 들어온 아이들 맞지?"

"앗!"

종회는 자신의 입을 틀어막았습니다.

"그때 우리를 보셨어요?"

"그럼!"

"죄…… 죄송해요. 우리는 도둑이 아니라 그저 궁금해서……."

호철이가 말을 더듬었습니다. 진형이와 종회도 죄송하다면서 연신 고개를 숙였습니다.

"괜찮아, 나도 너희들을 도둑으로 보지는 않았단다. 너희 정도의 나이였다면 나도 궁금해서 담을 넘었을 거야. 도대체 사람이 사는 것 같긴 한데 한 번도 대문이 열리지 않으니 말이야."

아저씨는 마치 삼총사의 마음속을 꿰뚫어 보는 것 같았습니다.

"맞아요! 우리가 궁금한 게 바로 그거예요."

진형이가 아저씨의 말에 맞장구를 쳤습니다. 옆에 있던 종회가 진형이의 옆구리를 찔렀습니다. 진형이가 움찔했습니다.

"너희들이 생각한 것처럼 내가 괴물같이 생겼지?"

아저씨의 표정이 조금 어두워졌습니다. 아저씨는 붉게 일그러진 왼쪽 뺨을 어루만졌습니다.

"사, 사실은…… 괴물이라고 생각하긴 했지만……."

종회가 말을 더듬었습니다.

"아저씨는 괴물 같지 않아요. 그냥……."

호철이가 말을 하려다가 말았습니다.

"괜찮아, 나도 처음엔 이렇게 된 내 모습을 보고 괴물 같다고 생각했으니까."

아저씨의 표정이 더욱 어두워졌습니다.

"그런데 아저씨의 얼굴은 왜 그렇게 됐어요?"

진형이가 생각 없이 묻자, 종회가 또 옆구리를 찔렀습니다.

"아야야! 왜 그래?"

"넌 왜 그렇게 예의가 없냐?"

"내가 뭘?"

"으이그!"

아저씨의 눈치를 보며 진형이와 종회는 아옹다옹했습니다.

"하하하, 너희들이 옥신각신하는 걸 보니 내 어렸을 적 생각이 나는구나."

아저씨가 호탕하게 웃자 삼총사도 덩달아 웃었습니다.

3 친절한 아저씨

"내 모습이 보기 흉하지?"

아저씨가 웃음을 멈추고 물었습니다.

"……"

삼총사는 아무 말도 할 수 없었습니다.

"이래 봬도 내가 대학 다닐 때는 인기 짱이었어. 잘생겼다는 소리를 좀 들었지."

아저씨의 말에 삼총사가 미소를 지었습니다.

"그런데……."

종회가 말꼬리를 흐렸습니다.

"그런데 왜 이렇게 됐냐고? 나는 대학교 2학년을 마치고 군대에 들어갔어. 씩씩하게 군대 생활을 하며 제대 날짜만을 기다리던 병장일 때였지. 그때 막 입대한 이등병이 있었어. 그 이등병이 훈련 도중에 화약을 잘못 다루어서 사고가 났어. 화약이 터져 버린 거야. 그 사고로 얼굴에 화상을 입고 이렇게 다리를 못 쓰게 됐지."

아저씨는 그때 일이 생각난 듯 얼굴을 찌푸렸습니다.

"그럼 그 이등병은 어떻게 됐어요?"

호철이가 아저씨 곁으로 바짝 다가서며 물었습니다.

"훈련으로 잘 단련된 내가 재빨리 밀어내서 그 이등병은 다행히 가벼운 타박상만 입었어. 큰 폭발은 아니었거든."

"아하!"

"휴."

삼총사는 다행이라며 깊은 숨을 내쉬었습니다.

"제대를 하고 병원에서 거의 1년을 지냈어. 1년 동안 난 깊은 잠을 잔 것 같았고 악몽을 꾼 것 같았지. 제대를 하면 다시 학교로 돌아가 공부도 하고 멋진 연애도 하려고 했는데 말이야. 사고는 그다지 크지 않았지만 내 마음의 상처는 아주 깊었어."

아저씨의 얼굴이 다시 어두워졌습니다.

"그럼 다시 학교에 다닐 수 없었어요?"

종회가 조심스럽게 물었습니다.

"다니기 싫었다고 해야 맞을 거야. 병원에서 깨어나 내 모습을 보고는 몹시 절망했거든. 참다운 삶이 무엇인지, 그 의미가 무엇인지 깨닫는 철학을 공부하던 나였는데, 그 순간 삶의 어떤 의미도 찾지 못했어. 얼굴은 괴물처럼 일그러졌고 두 다리는 똑바로 설 수조차 없었지. 그 모습으로 학교에 다닐 자신도 없었고, 또 공부를 한들 무슨 소용이 있을까 싶었어."

아저씨는 잠시 숨을 고르더니 말을 이었습니다.

"그때부터 난 사람들을 만나지 않았어. 오직 내 방에서만 지냈지. 함께 살고 있던 어머니에게조차 말을 하지 않았어. 어쩌다 말을 하게 되어도 짜증만 부렸지. 왜 내게 이런 불행이 닥쳤는지 어머니를 향해, 세상을 향해 무작정 화를 내고 있었던 거야. 어머니는 그런 나를 묵묵히 지켜보셨어. 그리고 나와 소통하기 위해 무척 애를 쓰셨지. 내가 상처를 입을까 봐 어머니 역시 사람들도 만나지 않고 집 밖으로도 나가지 않으셨어. 오직 나하고만 대화를 나누셨지. 어머니는 내가 사는 작은 세상에서 기꺼이 나무가 되고 친구가 되고 별이 되고 희망이 되셨지. 어머니는 나 때문에 많이 변하셨지만, 난 여전히 변하지 않았어."

아저씨의 눈에 잠깐 눈물이 반짝였습니다.

"어머니는 3년 전에 돌아가셨어. 어머니가 돌아가시고 나자, 나는 생각이 좀 바뀌었지. 이제 이 얼굴과 다리가 내 모습이다, 이젠 이 모습으로 세상에 당당히 나서야 한다. 여전히 쉽지 않지만 노력하고 있어. 그렇게 깨닫고 나니 정말 후회가 돼. 왜 내 상처로 어머니까지 아프게 만들었는지 말이야."

아저씨는 긴 한숨을 내쉬었습니다. 삼총사는 아저씨의 이야기를 들으며 한참 동안 말을 하지 못했습니다. 아저씨의 아픔을 조금은 알 것 같았습니다. 그래서인지 처음에 흉하고 무섭게 보였던 아저씨의 모습이 이젠 아무렇지도 않았습니다. 오히려 속마음을 다 털어놓은 아저씨 덕분에 오랫동안 만나 오던 아주 친한 친구처럼 느껴졌습니다.

"그럼 지금 불편한 몸으로 혼자 사신단 말이에요?"

"응, 가끔 형수님이 오셔서 반찬을 만들어 주시고 생필품을 사다 주시니까 어려운 점은 없어. 다만, 혼자 지내니까 외롭다고 할까?

그런데 오늘은 아주 귀한 손님들이 와서 기분이 좋은걸."

"헤헤헤."

삼총사는 우쭐해졌습니다.

"우리는 정말 이곳에 귀신이나 괴물이 사는 줄 알았어요. 아무도 여기에 사람이 산다고는 생각하지 않았어요. 저녁이면 어렴풋이 불빛이 보이긴 했지만 도깨비불이라고 생각했고요. 왜 그동안 밖으로 안 나오셨어요?"

종회가 물었습니다.

"너희들이 나 같은 모습이면 쉽게 세상에 나올 수 있겠니? 아마 사람들이 놀리겠지? 흉한 얼굴을 하고 있으니 말이야. 그리고 너희들이 보다시피 내 다리로는 자유롭게 움직이기가 힘들어. 장애인을 바라보는 사람들의 편견도 견디기 힘들고. 나도 한때는 장애인을 불쌍하게 여기면서도 무서워했단다. 똑같은 사람인데 말이야. 그러니 다른 사람들도 나를 그렇게 보지 않겠어? 그래서 이 문 밖으로 나올 수가 없었던 거야."

삼총사는 말없이 아저씨를 바라보았습니다.

"혼자는 아무것도 할 수 없는 나를 돌봐 주시던 어머니가 돌아가시고 나자 새로운 변화가 필요했어. 그래서 세상에 대한 편견, 그리고 나에 대한 편견으로부터 벗어나기 위해 열심히 공부했단다."

"어떤 공부를 하셨는데요?"

"대학 때 나는 철학을 공부했어. 그래서 철학자들의 삶과 사상에 대해 더 알아보기로 했단다. 어떻게 사는 것이 참다운 삶인가, 어떤 삶이 의미 있는 삶인가에 대해서……."

"우아, 멋져요!"

호철이가 환호했습니다.

"아니야."

아저씨의 말에 호철이는 고개를 갸웃거렸습니다.

"왜요? 그렇게 훌륭한 분들의 삶과 사상을 공부하면 그분들만큼은 아니더라도 훌륭하게 살 수 있을 것 같은데."

"그게 바로 나의 또 다른 편견이었고, '극장의 우상'이었지."

"극장의 우상이요?"

종회가 물었습니다.

"그렇단다. 과거 철학자들의 권위 있는 사상에 기대면 지금의 내 삶을 바꿀 수 있을 거라 믿었어. 자신의 생각이나 판단보다는 어떤 전통이나 권위에 기대어 생각하고 판단할 때 범하는 편견을 극장의 우상이라고 해. 나는 그렇게 내가 공부했던 철학자들의 지식을 그대로 받아들이려고만 했어. 우리가 극장에 가서 영화를 볼 때, 그것이 만들어진 것임에도 불구하고 마치 사실인 것처럼 착각하는 것과 마찬가지지."

"맞아요! 저도 종종 그래요. 영화에 나오는 곳은 모두 멋있다고 생각하고 영화배우가 하는 말은 모두 옳은 것처럼 느껴지거든요."

종회가 웃으며 말했습니다.

"그게 바로 극장의 우상이라는 거야. 그런데 그건 잘못된 편견이야. 그런 편견에서 벗어나지 못하면 참다운 내 삶은 영원히 찾지 못하지."

"그래서 아저씨는 어떻게 변하려고 하는데요?"

"지금도 그 방법을 찾는 중이야. 일단 내가 스스로의 편견으로부터 벗어나지 못하면 세상의 편견을 그대로 받아들일 수밖에 없다고 생각해. 사실 내가 밖으로 나가지 않는 것은 불편해서야. 세상이 많이 편리해졌다고는 하지만 아직은 장애인이 활동하기엔 몹시 불편하거든. 그렇지만 이제 너희들을 만난 것을 계기로 다른 사람들도 만나 볼 생각이야. 이렇게 한 사람 한 사람 만나다 보면 내 모습을 좀 더 객관적으로 볼 수 있지 않을까?"

"그래요, 저희가 보기에도 아저씨는 아주 친절하고 좋은 분 같아

요. 저희도 아저씨를 만나니 뭔가 새로운 걸 많이 배울 것 같다는 생각이 들고요."

호철이가 빙그레 웃었습니다.

"그런데 아저씨의 휠체어에서 나는 '드르륵드르륵' 소리를 얘들이 귀신이 내는 소리라고 생각했지 뭐예요."

진형이가 일러바치듯 말했습니다.

"너도 그랬잖아."

종회가 윽박질렀습니다.

"난…… 안 그랬어!"

"거짓말!"

삼총사의 말다툼에 아저씨가 웃으며 말했습니다.

"하하하! 그럴 만도 하구나. 눈으로 사실을 확인하기 전에는 그런 선입견을 가질 수밖에. 이제 눈으로 확인했으니 왜 그런 소리가 났는지 알겠지? 너희들이 친구들한테 이 집엔 귀신이 사는 게 아니라 몸이 조금 불편한 아저씨가 산다고 말해 주렴."

베이컨의 네 가지 우상

　베이컨은 사물을 경험에 의해서 살펴야 한다고 주장하는 경험론자입니다. 또 세계를 객관적으로 보아야 한다고 주장했습니다. 그래서 베이컨은 인간이 가지고 있는 주관적 편견을 없애야만 참다운 지식을 얻을 수 있다고 보았습니다.

　그래서 베이컨은 주관적 편견을 버리고 참다운 지식을 얻기 위해 우리들이 꼭 제거하지 않으면 안 되는 선입견을 일컬어 '우상'이라고 정했습니다. 베이컨은 그 대표적 우상을 네 가지로 분류했습니다. 바로 종족의 우상, 동굴의 우상, 시장의 우상, 극장의 우상입니다.

　'종족의 우상'은 인간의 본성이 가지고 있는 편견으로, 모든 것들을 인간 중심적인 관점에서 생각하고 판단하는 편견을 일컬어 종족의 우상이라고 하는 것이지요.

　'동굴의 우상'은 각 개인이 가지고 있는 편견을 말합니다. 베이컨은 플라톤의 ≪국가론≫에 나오는 '동굴의 비유'로부터 힌트를 얻어 동

굴의 우상을 생각해 냈다고 합니다. 우리들 각 개인은 성장 과정이나 성격에 따라서 똑같은 대상이라도 서로 다르게 판단하는 경향이 있습니다. 그런 경향이 바로 동굴의 우상입니다.

어떤 사람은 돈을 삶에서 가장 고귀하고 중요한 것으로 여기는 데 비해 또 어떤 사람은 돈을 가장 쓸모없는 것으로 생각합니다. 심지어는 돈이 인간을 망친다고 생각하는 사람도 있습니다. 두 가지 모두 개인적인 동굴의 우상입니다.

언어가 생각에 영향을 미쳐 생기는 편견을 바로 '시장의 우상'이라고 합니다. 예를 들어, '왕은 한 국가의 지배자이다. 따라서 백성은 누구나 왕에게 절대 복종해야 한다' '왕 역시 한 인간이다. 비록 왕이 통치권자라 해도 그가 잘못을 범하면 백성은 왕을 심판해야 한다. 왜냐하면 한 국가의 진정한 주인은 백성이기 때문이다' 라는 두 가지 말은 듣는 이들에게 영향을 미쳐 옳지 못한 생각과 판단을 낳게 할 수 있고 따라서 편견을 생기게 하는 원인이 될 수 있습니다. 이와 같은 상황을 뜻하는 것이 시장의 우상입니다.

'극장의 우상'은 지나간 권위에 호소하는 입장이나 과거의 전통을 고집하는 태도 등과 같은 편견을 말합니다. '아버지의 말이니까 무조건 들어야 한다' '공자님이나 맹자님이 이렇게 말씀하셨으니까 그분들의 말씀은 참이다' 고 우기는 것 역시 극장의 우상에 속합니다.

3

베이컨의 네 가지
우상 이야기

 현명한 사람은 자기 자신에게 주어지는 것보다 많은 기회를 만든다.

— 베이컨

1 솟대

"그런데 아저씨, 정말 궁금한 게 있어요."

호철이와 진형이, 그리고 아저씨는 동시에 종회를 바라보았습니다.

"저거요."

종회는 장대를 가리켰습니다.

"맞아요, 저게 뭐예요?"

진형이가 맞장구를 쳤습니다.

"아하, 솟대 말이구나."

"솟대요?"

삼총사가 합창하듯 말했습니다.

"저걸 솟대라고 부른단다. 나무나 돌로 만든 새를 장대나 돌기둥에 올려놓은 거지."

"저걸 다 아저씨가 만드셨어요?"

호철이가 물었습니다.

"그래. 철학책을 덮어 놓고 처음으로 이 마당에 나와서 한 일이 바로 솟대를 만드는 거였어. 아까도 말했지만, 그전에는 내 방 침대에 누워 책을 읽는 것 외엔 꼼짝도 안 했거든."

"그런데 솟대는 뭐에 쓰는 거예요?"

진형이가 물었습니다.

"지금은 거의 찾아볼 수 없지만, 옛날에 솟대는 마을 공동체 신앙의 하나로 음력 정월대보름에 동제(洞祭)를 올릴 때 마을의 안녕과 수호, 풍농을 위해 마을 입구에 세워 놓았단다."

아저씨의 설명에 진형이가 알은체를 했습니다.

"그러니까 마을 제사를 올리던 옛날에 우리 마을이 잘살게 해 주세요, 농사가 잘되게 해 주세요, 하면서 만들었다는 말이지요? 마치 저기 있는 장승처럼요?"

아저씨는 진형이의 머리를 쓰다듬어 주었습니다.

"맞다, 많이 아는구나. 솟대는 저 장승이나 선돌, 탑 등과 함께 세우기도 했어."

"전 그게 무당들이 신들려서 만들어 놓은 건 줄 알았어요."

삼총사는 그동안 솟대에 대해 잘못 생각했다는 것을 알게 되었습니다.

"그래? 너희들의 말을 들으니 내가 알은체를 좀 해야겠는걸."

삼총사는 무슨 말인지 몰라 눈을 동그랗게 떴습니다.

"너희들이 저 솟대를 보고 생각했던 이야기를 들으니 갑자기 떠오르는 철학자가 있어."

"누군데요?"

삼총사가 한목소리로 물었습니다.

"베이컨!"

"베이컨? 햄이 아니고? 큭큭큭."

진형이가 웃었습니다.

"무식하긴. 외국 사람들의 이름이 다 그렇지 뭐."

종회가 진형이를 나무랐습니다.

"혹시 '아는 것이 힘이다' 라는 말을 들어 본 적 있니?"

"아, 알아요!"

"나도 알아요!"

삼총사가 서로 안다고 말했습니다.

"아는 것이 힘이다, 모르는 것이 약이다!"

호철이가 한마디 더 덧붙였습니다.

"그래, 그 '아는 것이 힘이다' 라고 말한 사람이 바로 베이컨이야."

"오호, 그렇구나. 처음 알았어요. 많이 들어 보긴 했는데 누가 한 말인지는 몰랐거든요."

종희는 고개를 끄덕였습니다.

"베이컨은 《대부흥》이라는 책에서 '아는 것이 힘이다' 라고 말했는데, 새로운 자연과학을 이론을 통해 가치 있고 보람 있는 실천적 삶으로 만들고자 노력했어. 그는 모든 지식이 경험에서 나온다는 경험주의 철학을 정립했고, 관찰과 실험을 중시하는 귀납법을 주장하여 자연과학의 발전에 크게 기여했지."

"너무, 어려워요."

진형이가 머리를 긁적이며 말했습니다.

"하하하. 좀 어렵지? 내가 왜 베이컨 이야기를 했냐면 너희들이

참다운 앎

솟대를 보고 처음에 가졌던 편견에 대해 말하기 위해서야. 아까도 말했지만 베이컨은 사물을 경험에 의해 살펴야 한다고 주장한 경험론자야. 그는 인간이 가지고 있는 주관적 편견을 가능한 한 모두 열거해서 그것을 제거해야만 참다운 지식을 얻을 수 있다고 보았단다."

"우리가 편견을 가졌다고요? 우린 그저 솟대가 뭘 하는 데 쓰이는 건지 궁금해서 추측해 보았을 뿐인데……."

종회가 조금은 억울하다는 듯 말했습니다.

"야, 아저씨 이야기를 좀 더 들어 보자."

호철이가 종회의 말을 막았습니다.

2 네 가지 우상

"너희들은 솟대를 보고 무당을 떠올렸잖아? 그것이 바로 편견이라는 얘기야. 진짜 솟대가 무엇인지 알기 위해서는, 그러니까 참다운 지식을 얻기 위해서는 먼저 우리들의 주관적 편견이나 선입견을 일컫는 우상을 버려야만 해. 베이컨은 대표적 우상을 네 가지로 분류했는데 바로 '종족의 우상' '동굴의 우상' '시장의 우상' '극장의 우상'이 그것이지. 극장의 우상에 대해서는 아까 말했었지? 나 역시 그런 편견을 갖고 있었다고."

종족의
우상

우울한 하늘

동굴의 우상

개굴개굴

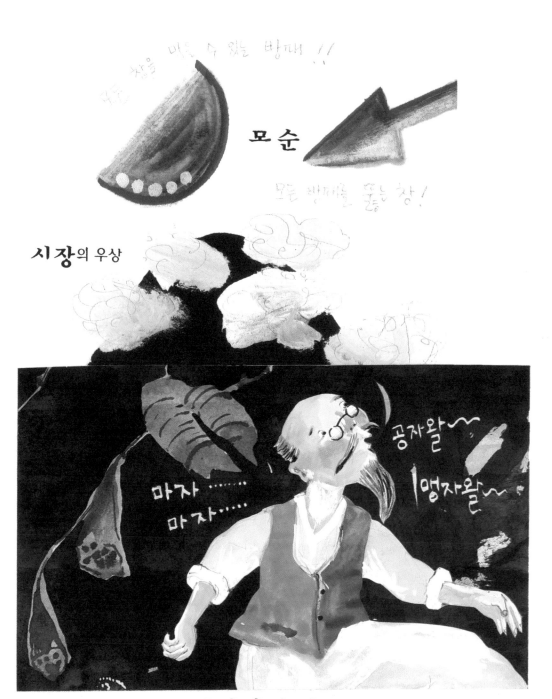

"예!"

삼총사는 자신들뿐만 아니라 똑똑한 아저씨도 편견을 가졌다는 사실에 안심하여 더욱 크게 대답했습니다.

"하하하, 나도 너희들과 똑같단다."

"그럼 아까 아저씨가 말씀하신 우상은 진리에 반대되는 허위이고, 그것들은 잘못된 주관적 판단이라고 할 수 있나요?"

종회가 아저씨의 말투를 흉내 내며 말했습니다.

"그렇지, 잘 이해했구나. 참 똑똑해."

우쭐해하는 종회를 진형이와 호철이는 부러운 듯이 바라보았습니다.

"네 가지 우상에 대해 좀 더 자세히 설명해 주세요."

진형이가 말했습니다.

"우선 '종족의 우상'부터 이야기해 볼까? 인간이라는 종족의 본성에 근거하여 사물을 규정하는 편견을 종족의 우상이라고 해. 말하자면 모든 것들을 인간 중심적인 관점에서 생각하고 판단하는 편견을 말하지."

"인간 중심적인 관점이라고요?"

호철이가 되물었습니다.

"그래, 예를 들어 시커먼 하늘을 보고 하늘이 우울하다고 말한다든가, 활짝 핀 장미꽃을 보고 장미꽃의 기분이 좋다거나 또는 자만심에 빠져 뽐내고 있다고 생각하는 것 말이야."

"아하! 있잖아요, 아저씨. 지난번에 호철이가 저 솟대에 앉아 있는 새를 보고 슬퍼 보인다고 했거든요. 모두 어디론가 날아가는데 홀로 남아 있어 외롭고 슬퍼 보인다고요. 그렇게 인간의 관점에서 생각하는 것이 종족의 우상이죠?"

진형이가 으쓱해하며 말했습니다.

"그렇지, 많은 사람들은 생물이나 무생물이 모두 인간과 같은 감정을 가지고 있다고 판단하는 경향이 있어. 베이컨은 우리의 감각이 울퉁불퉁한 거울과 같다고 했어. 엉터리 거울은 사물을 엉터리로 비추겠지? 그래서 종족의 우상에 갇히면 우리는 종족이 믿고 싶어 하는 것만 믿으려고 하지. 이런 판단은 인간이면 누구나 가지고 있는 편견이고, 그런 편견을 제거할 때 비로소 객관적 관찰이 가능하단다."

"그럼 동굴의 우상은 뭐예요?"

이번에는 진형이가 물었습니다.

"동굴의 우상은 개인들이 가지고 있는 편견이야."

"플라톤이 말한 '동굴의 비유'에서 나온 그 동굴 맞죠?"

종희가 신이 나서 말했습니다.

"아주 잘 아는구나. 그 말을 들어 봤니?"

아저씨가 놀라워하며 말했습니다.

"예!"

삼총사가 합창을 했습니다.

"진형이가 지난번에 무슨 '철학 이야기'에서 읽었다며 우리한테 들려줬어요."

호철이가 말했습니다. 진형이는 멋쩍어했습니다.

"하하하, 그래. 플라톤 역시 베이컨처럼 참다운 앎, 곧 진리를 얻어야만 인간은 선하고 행복하며 아름다움을 접할 수 있다고 보았어."

"그래서요? 동굴의 우상과 어떤 관련이 있는데요?"

호철이가 재촉하듯 물었습니다.

"이제부터 설명해 줄 거란다. 예를 들어 집에 자가용이 있는 아이는 자가용이 없는 집 아이들을 이해하지 못한다거나, 여자는 아이를 낳고 집안 살림을 맡아야 한다고 가정교육을 받은 아이들이 시대가 변해도 늘 그렇게 생각하는 것이 바로 동굴의 우상이야.

어떤 사람은 돈을 삶에서 가장 고귀하고 중요한 것으로 여기는 데비해 또 어떤 사람은 돈을 인간성을 잃게 하는 가장 쓸모없는 것으로 여기기도 하지. 우리는 성장 과정이나 성격에 따라 똑같은 대상이라도 서로 다르게 판단하는 경향이 있어. 그것이 바로 동굴의 우상이지."

"아하! '우물 안 개구리'라는 말이 딱 어울리네요."

"맞아요. 우리가 처음 아저씨 집을 귀신의 집이라고 한 것도 동굴의 우상인 것 같아요. 우리의 편협한 생각에 비추어 판단한 편견이니까요."

"잘 이해하고 있구나."

"그럼 '시장의 우상'은 어떤 걸 말하나요?"

진형이가 재촉했습니다.

"시장을 생각해 보자. 너희들도 시장에 가 보았으니 알겠지만 여기저기서 장사꾼들이 호객 행위를 하느라 시끄럽지?"

"예, 어찌나 시끄러운지 옆 사람 말소리도 잘 들리지 않아요."

호철이가 말했습니다.

"시장에서는 사람들이 말, 곧 언어로 장사를 하지 않니? 베이컨은 시장의 우상은 바로 '언어의 우상'이라고 말했어. 장사꾼이 별

볼일 없는 물건을 꿀 같은 달콤한 말로 속여 사람들에게 파는 경우처럼 말이야. 말 때문에 생기는 편견이니까 많은 사람이 모이는 시장엔 잘못된 말과 소문이 많겠지?"

"이제야 알겠어요. 우리가 지하철을 탔는데 어떤 아저씨가 '절대 빠지지 않는 붙이는 못'을 팔았거든요."

종회가 말하자 진형이가 노려보았습니다.

"야, 김종회! 치사하게 그걸 말하려고 하냐?"

아저씨는 궁금하다는 듯 물었습니다.

"그래서?"

"세상에 절대 빠지지 않는 붙이는 못이 어디 있겠어요? 완전 모순이지. 우리가 아무리 장사꾼의 속임수라고 말려도 진형이가 그걸 산 거 있죠."

종회는 재미있다는 듯 말했습니다.

"그걸 자기 방에 붙인 후 액자와 가방을 걸고는 자랑하려고 우리를 불렀어요. 처음엔 그것이 잘 붙어 있는 것 같더라고요. 그런데 갑자기!"

호철이도 신이 나서 말했습니다.

"야, 너희들 그만두지 못해! 내가 속은 거라고 했잖아."

"갑자기 우당탕탕! 스티커 못이 떨어져서 액자가 박살이 났지 뭐예요, 하하하."

호철이는 배꼽을 잡고 웃어 댔습니다. 그러자 진형이의 얼굴이 붉으락푸르락해졌습니다.

"그러게 누가 장사꾼 말만 믿고 덜컥 사랬냐. 넌 끝까지 중소기업이 어쩌고저쩌고 우겨댔잖아."

종회가 한 번 더 약을 올리며 말했습니다.

"그래, 아주 적절한 사건이었네. 너희 말대로 그건 모순이라고 할 수 있지. 언어가 생각에 영향을 미쳐서 생기는 편견이 바로 시장의 우상이야. 이 세상의 모든 생물 중에서 오직 인간만이 말을 사용한단다. 언어는 무조건적인 이해를 강요하고 모든 사물을 혼란에 빠뜨리기 때문에 언어의 그릇되고 부적절한 사용은 인간의 판단을 흐리게 하지."

아저씨의 장황한 설명에 아이들이 어렵다는 듯 눈을 찡그렸습니다. 아저씨는 그런 삼총사의 모습이 우스운지 크게 웃었습니다.

"그리고 '극장의 우상'은 너희들한테 이미 말한 대로 내가 가졌던 편견이야. 무대를 보고 환호하는 관객처럼, 나보다 앞서서 성립된 철학 체계에 속박되어 나의 판단을 그르치게 되는 우상 말이야. 이 네 가지 우상을 우리의 지식에서 제거하지 않으면 참된 지식을 얻을 수 없고, 따라서 인류의 진보는 있을 수 없다고 베이컨은 주장했어."

아저씨의 설명이 끝나자 삼총사는 박수를 쳤습니다.

"왜 갑자기 박수를 치니?"

"참다운 앎을 알게 해 주시고 우리가 갖고 있는 편견을 버리게 해 주셨으니까요."

진형이가 대답했습니다. 호철이와 종회도 고개를 끄덕였습니다.

"역시 아저씨는 철학자다워요."

호철이가 말했습니다.

"난 철학자가 아니라 그냥 철학을 공부했을 뿐이야. 내 화려한 말솜씨에 속아 지금 호철이가 나를 철학자라고 생각한 건 '시장의 우상'에 속하는 것 같은데, 하하하."

아저씨와 아이들이 웃자 호철이의 얼굴이 새빨개졌습니다.

3 우리만의 비밀

"이제 우리의 우상을 없앴으니 아저씨께서 사물을 객관적으로 관찰한 대로 솟대에 대해 알려 주실 차례네요."

종회의 말에 진형이가 고개를 끄덕이며 종회의 어깨를 톡톡 두드려 주었습니다. 꿀밤을 때리거나 옆구리를 찌를 때와는 달리 대견하다는 표정을 지으면서 말이죠.

"이 솟대는 말이다……."

아저씨의 말에 삼총사는 동시에 솟대를 올려다보았습니다.

"솟대의 기원은 청동기 시대로 거슬러 올라간단다. 그 분포는 만주, 몽골, 시베리아, 일본에 이르는 광범위한 지역이야. 이는 솟대가 북아시아 샤머니즘 문화권에서는 오랜 역사를 지닌 신앙물이라는 것을 말해 주지."

"우리나라에만 있는 게 아니란 말이죠?"

진형이가 놀란 표정을 지었습니다.

"그런데 왜 우린 아저씨의 집에서 처음 봤죠?"

호철이가 혼잣말처럼 말했습니다.

"아마도 옛것을 경시하고 현대의 편리함만을 추구해서겠지. 사실 요즘 사람들은 솟대를 옛사람들의 흔적이 담긴 전통 문화가 아니라 무조건 미신으로 여겨 경시하는 경향이 있어."

"하긴 처음엔 저도 솟대를 무당집에나 세우는 걸로 알았으니까요."

종회가 웃으며 말했습니다.

"이 장대는 세계의 축을 의미해. 이 세상은 상계, 중계, 하계로 나뉘는데 각 우주층 사이를 오가는 것이 바로 이 장대이지. 초자연적인 존재가 지상으로 하강하는 교통로로서 신들을 불러 모으는 역할을 한단다."

"그럼 저 꼭대기의 새는요?"

이번에 삼총사는 장대 위의 새를 가리켰습니다.

"옛사람들은 인간이 죽으면 그 영혼이 하늘로 간다고 믿었는데, 이때 안내자 역할을 맡은 것이 새라고 생각했어. 새는 인간의 영원한 이상인 하늘에 가장 가까이 사는 동물로서 하늘과 땅을 자유자재로 오갈 수 있는 존재라고 믿었단다. 새는 지역에 따라 오리, 까마귀, 기러기, 갈매기 등으로 종류가 다양한데, 주로 오리가 많다고 해. 솟대는 마을의 안녕과 풍농뿐 아니라 마을에 축하할 일이 있을 때 세우기도 했어."

"우아! 그럼 이렇게 솟대를 많이 세워 놓은 아저씨 집에는 항상 좋은 일만 있겠네요."

호철이가 부러운 듯 말했습니다.

"하하하, 꼭 그렇다기보다는 그러길 바라는 마음을 담은 거라고 할 수 있어. 이 솟대를 하나씩하나씩 만들면서 소망을 기원해 보는 거야."

"그래서 소망이 이루어졌나요?"

호철이가 아저씨의 표정을 살폈습니다.

아저씨는 한참을 생각하더니 대답했습니다.

"이루어졌다고 봐야겠구나."

"어떤 소망이 이루어졌는데요?"

삼총사는 아저씨의 이야기가 더욱 궁금했습니다.

"먼저 내 스스로 감옥을 만들고 세상과 담을 쌓았는데, 이 솟대를 만들면서 세상에 대한 편견, 나에 대한 편견을 버릴 수 있었어. 솟대는 나를 세상 밖으로 끌어내 주었고, 이 솟대가 온 세계를 잇는 것처럼 나도 세상을 향해 마음을 열게 되었지. 그리고 또 이렇게 너희들을 만나게 되었잖니? 내 마음을 나도 잘 몰랐는데 너희들과 이야기를 나누다 보니 내가 어떤 생각을 갖고 있었는지 알게 되었단다. 무엇보다 나를 잘 이해해 주는 친구들이 이렇게 셋이나 생기지 않았니? 앞으로 더 많은 친구들을 사귀고 저 대문을 박차고 당당히 밖으로 나가는 것이 나의 또 다른 소망이란다."

아저씨가 빙긋 웃으며 말했습니다.

"에이, 소망이 너무 시시해요."

"맞아요, 나 같으면 전교 1등을 하게 해 달라든가, 우주여행을 하게 해 달라든가 그랬을 텐데……."

"나는 우리가 더 큰 집으로 이사 가고 부자가 되게 해 달라고 빌었을 텐데……."

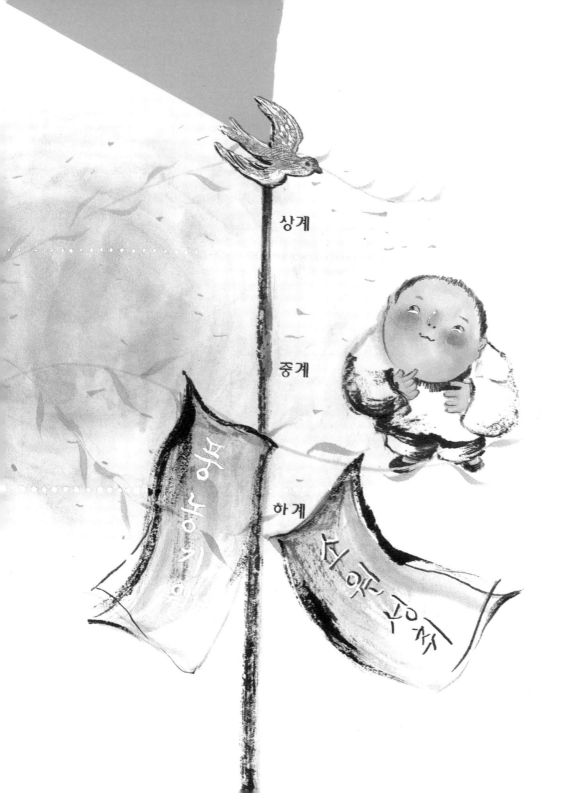

상계

중계

하계

삼총사는 저마다 자신들의 소망을 말했습니다.

"하하하, 그래? 그렇다면 아저씨와 함께 각자의 소망을 빌어 보는 건 어떨까? 같이 솟대를 만들면서 말이야."

"정말요?"

삼총사는 신이 났습니다.

"어서 가르쳐 주세요."

진형이는 얼른 팔을 걷어붙였습니다.

"그런데 오늘은 좀 늦지 않았니?"

호철이가 시계를 보았습니다. 이미 다섯 시가 넘었습니다. 아저씨의 이야기를 들은 지 벌써 두 시간이 지났다는 것이 믿기지 않았습니다.

"겨우 20분밖에 안 있었던 것 같은데……."

"오늘은 안 되겠네요."

"저녁 먹을 시간도 다 되었고……."

삼총사는 아쉬워했습니다.

"그래, 아저씨는 다리가 이 모양이어서 어디 가지도 못하고 언제나 이곳에 있으니까 너희들이 시간 날 때 다시 오렴. 그럼 그때 자세히 가르쳐 줄게."

아저씨는 자신의 불편한 다리를 내려다보았습니다. 삼총사는 그런 아저씨가 안쓰러워 보였지만 철학도 알고, 솟대도 만들 줄 아는 아저씨가 대단해 보였습니다.

삼총사는 아쉬움을 뒤로 하고 다음에 다시 오기로 했습니다.

"아저씨, 그럼 다음에 꼭 솟대 만드는 법 가르쳐 주세요."

"나도 기다리마."

"안녕히 계세요."

삼총사는 아저씨와의 헤어짐이 아쉬워 자꾸 뒤를 돌아보았습니다. 그러다 그만 종회가 발을 헛디뎌 몸이 기우뚱했습니다. 그 모습을 보고 아저씨와 진형이, 그리고 호철이는 웃음을 터뜨렸습니다.

삼총사는 집으로 돌아오는 길이 매우 신났습니다. 귀신의 집인 줄만 알았던 그 집에는 처음 보는 솟대들이 있었고, 괴물인 줄만 알았던 집주인은 매우 친절하고 재미있는 아저씨였기 때문입니다. 삼총사는 각자 오늘 있었던 일을 떠올려 보는 듯 입가에 미소를 머금고 싱글벙글했습니다. 그때 갑자기 종회가 말을 꺼냈습니다.

"얘들아, 오늘 있었던 일은 우리만 아는 비밀로 하자."

"왜?"

호철이가 의아해서 물었습니다.

"다른 아이들은 아직도 귀신의 집으로 알고 있는데 우리가 솟대 얘기랑 아저씨 얘기를 하면 너도나도 그 집에 가려고 할 거야. 그렇게 되면 아저씨가 우리에게 솟대 만드는 법을 가르쳐 주시기 곤란할 것 아니겠어? 일단 우리가 아저씨와 친해지고 또 우리만……."

"무슨 얘긴 줄 알겠다. 우리만 그 집에 드나들고 싶다 이거 아니야?"

진형이가 말했습니다.

"맞아."

종회가 손뼉을 쳤습니다.

"그런데 아저씨는 더 많은 친구를 사귀길 원하시잖아. 사람들이 그 집에 대해 오해하고 편견을 갖고 있는데 우리가 사실이 아님을 알았으니 아니라고 말해 줘야 하는 게 옳지 않을까?"

호철이가 말했습니다.

"호철이 너 착한 척할래? 너는 그럼 아저씨가 다른 아이들과 더 친한 게 좋겠어?"

종회가 소리를 버럭 질렀습니다.

"아니…… 사실은 나도 아저씨가 우리랑만 친했으면 좋겠어."

호철이가 말했습니다.

"그러니까 일단은 비밀로 하자고!"

종회가 단호하게 말했습니다.

"그래."

"알았어."

호철이와 진형이도 동의했습니다.

"우리 삼총사의 영원한 우정을 위해!"

"파이팅!"

종회의 선창에 진형이와 호철이는 파이팅을 외쳤습니다. 삼총사는 집을 향해 다시 힘차게 발걸음을 옮겼습니다.

《대부흥》

　베이컨의 대표 저술은 《대부흥》이에요. 이 책의 부제목은 〈인간의 지배에 관하여〉입니다. 《대부흥》은 학문과 자연과학의 대부흥을 말합니다. 그리고 〈인간의 지배에 관하여〉는 인간이 자연을 제대로 알아야 얻을 수 있다는 뜻을 포함하지요. 사실 '대부흥' 안에는 베이컨의 과학철학의 모든 것이 들어 있다고 해도 과언이 아닙니다.

　《대부흥》은 여섯 가지 중요한 것들을 제시하고 있는데 이것들은 영국 경험론 철학과 아울러서 그 이후 자연과학 및 과학철학의 방법론에 있어 중요한 기초를 제공했습니다.

　베이컨에 의하면 당시 인간은 자연에 관한 지배를 상실했는데 그러한 지배를 회복하는 것이 바로 자연을 알고 지배할 수 있는 방법이라고 했습니다. 그 방법은 현재 있는 과학들을 완전히 분류하고 자연 해석의 새로운 방식 원리를 제시하자는 것과 새로운 과학들과 과학 방법을 발명하기 위해 새로운 귀납 논리를 사용하자는 것입니다. 그리고 경험 재료들을 충분히 수집하고 적절한 실험을 행하자는 것, 새로운 과학 방법을 성공시키기 위해 설명의 일관성 있는 예들을 만들자는 것, 자연 역사를 연구하여 귀납적으로 도출될 수 있는 일반화의 목록을 만들자는 것이었습니다.

또한 자연에 관한 완전한 학문으로서 새로운 철학을 전개하자는 의견도 있었습니다. 이러한 의도는 학문과 지식에 관해서 베이컨이 이상적으로 가졌던 참신한 아이디어였고 계획이었습니다. 물론 베이컨은 자신의 아이디어를 실현시키기 위해 연구소 설립과 재정 지원을 수차례 제임스 1세에게 건의했지만 제임스 1세는 별 관심이 없었답니다.

베이컨 사상은 중세 철학과 르네상스 철학을 배경으로 삼아 탄생한 것이지만 그 자신은 중세 철학자들은 물론이고 르네상스 인문주의 철학자들을 반대했습니다. 르네상스 철학자들은 새롭고 참다운 지식은 멀리한 채 자질구레한 것만 계속해서 따지기만 하고 무의미한 논쟁만 했기 때문이지요. 베이컨이 보기에 르네상스 철학자들은 근본적 문제에 몰두하지 않고 화려한 말솜씨만 자랑하며 단지 단어 사냥에만 열중하는 무익한 학자들이라고 생각했습니다.

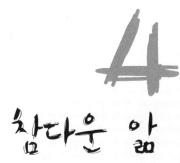

참다운 앎

1. 솟대 만들기

 만일 사람이 확신을 가지고 무엇인가를 시작한다면 의혹으로 끝날
것이다. 그러나 의혹을 가지고 시작함으로써 끝날 것이다.

— 베이컨

1 솟대 만들기

드디어 토요일이 되었습니다. 바람은 선선하고 맑은 가을 하늘에는 보드라운 양떼 구름이 떼 지어 몰려다녔습니다. 삼총사는 하늘을 향해 솟아오른 솟대를 한참이나 바라보았습니다. 솟대가 나무처럼 무럭무럭 자라는 것만 같았습니다. 너무나 잘 어울리는 풍경이었습니다.

그때 휠체어를 타고 마당으로 나온 아저씨가 말했습니다.

"우리 조상들은 참 지혜로운 분들이었던 것 같지 않니. 솟대를 보렴. 자연을 거스르지 않고 하나가 되게 만든 저 솜씨라니."

마치 아저씨는 삼총사의 마음을 읽고 있는 것 같았습니다.

"에이, 또 서론이 길어지신다. 빨리 솟대 만들어요."

호철이가 재촉했습니다.

"그래, 그래."

아저씨는 준비해 온 면장갑을 삼총사에게 나누어 주었습니다. 아이들은 면장갑을 끼고 마치 대단한 일을 하려는 듯 두 손을 탁 탁 쳤습니다.

"무척 기대되는데요."

종회는 마음이 들떴습니다.

"뭔가 대단한 작품이 나올 것 같아요."

진형이도 신이 났습니다.

아저씨는 '드르륵드르륵' 휠체어를 밀며 마당 한구석에 쌓아 놓은 장대 옆으로 다가갔습니다. 삼총사도 새끼 오리들처럼 아저씨를 따라갔습니다. 아저씨가 장대를 하나 집어 들었습니다. 아저씨는 다리를 쓰지 못했지만 힘은 셌습니다. 장대를 번쩍 들어 올렸으니까요. 삼총사도 아저씨처럼 셋이 함께 장대 하나씩을 들었습니다.

"이제부터 내가 하는 걸 그대로 따라해 보렴."

아저씨는 먼저 장대의 가지를 잘라 냈습니다. 아이들이 사용해도 위험하지 않을 줄톱으로 쓱싹쓱싹 잘라 냈지요. 삼총사도 끙끙거리며 그대로 따라해 보았습니다.

"잘했다. 이번에는 이렇게 생긴 칼로 나무껍질을 벗겨 낼 거야."

아저씨는 끝이 무딘 넙적한 칼로 나무껍질을 벗겨 내는 시범을 보였습니다. 삼총사는 고개를 갸우뚱하더니 곧 아저씨가 하는 대로 껍질을 벗기기 시작했습니다.

"그런데 잘 안 벗겨져요."

종회가 말했습니다.

"칼이 무딘 것 같아도 조심해야 한단다. 너무 힘을 주면 의외로 칼이 쭉 미끄러져 손을 다칠 수 있거든."

"이렇게요?"

호철이는 칼로 껍질을 조심조심 밀어 냈습니다.

"그렇지. 힘을 주어 껍질을 찍은 다음 가볍게 쭉 밀어 내는 거야."

"아저씨 말씀대로 하니까 잘 벗겨져요."

진형이는 벗겨진 나무껍질을 보며 말했습니다.

나무껍질을 벗기는 것은 꽤나 힘들었습니다. 한참 동안 나무껍질을 벗겨 내자 나무의 흰 속살이 드러났습니다. 하얗고 뽀얀 것이 꼭 사과 같았습니다. 하지만 사과처럼 매끄럽지만은 않았습니다.

"껍질을 벗겨 내니 오히려 거칠거칠해요."

진형이가 나무를 쓰다듬으며 말했습니다.

"그럼 이번에는 매끄럽게 만들어야겠지? 자, 이 사포로 나무 표면을 문질러 보렴."

아저씨는 사포를 들고 껍질이 벗겨진 나무의 표면을 문질렀습니다. 사포로 나무를 문지를 때마다 '사각사각' 사과 씹는 소리가 났습니다.

삼총사는 장대를 삼등분하여 각자 자기에게 할당된 몫의 일을 했습니다. 사각사각 소리가 마치 악기 소리처럼 들렸습니다.

"다 됐어요!"

가장 먼저 사포질을 끝낸 종회가 말했습니다.

"이번엔 새를 만들 차례이지요?"

호철이가 서둘렀습니다.

"아직 아니야. 매끄럽게 만든 이 나무의 양 끝을 약간 뾰족하게 깎아 내야 해. 이렇게 말이지."

아저씨는 아주 능숙한 손놀림으로 나무 끝을 뾰족하게 깎았습니다. 마치 큰 연필을 깎는 것 같았지요.

"왜요?"

호철이가 물었습니다.

"한쪽 끝은 땅에 박고 다른 한쪽 끝은 새를 꽂을 거니까."

삼총사도 아저씨가 하는 대로 나무 끝을 깎았습니다.

"아야!"

갑자기 진형이가 비명을 질렀습니다. 모두들 놀라 진형이를 바라보았습니다. 진형이는 한 손으로 다른 손을 꼭 쥔 채 얼굴을 잔뜩 찡그렸습니다.

"다쳤니?"

아저씨는 매우 놀란 표정으로 물었습니다.

"그러게 조심해야지, 피 나?"

호철이도 놀라긴 마찬가지였습니다.

"어디 좀 봐."

종회가 걱정스럽게 말했습니다.

"짜잔……!"

진형이는 두 손을 쫙 폈습니다. 말짱했어요.

"뭐야!"

종회가 버럭 소리를 질렀습니다.

호철이가 진형이의 손을 살펴보았습니다. 아저씨도 안도의 한숨을 내쉬었습니다.

"모두 솟대 만드는 데 정신이 팔려 아무 말도 하지 않기에 심심할까 봐 장난을 좀 쳤지, 히히."

진형이가 혀를 쏙 내밀었습니다.

"그래도 그렇지, 놀랬잖아!"

종회는 가슴을 쓸어내렸습니다.

"심심해서가 아니라 집중해서 작품을 만드느라 조용한 거야."

호철이가 진형이를 째려보았습니다.

"다들 많이 놀랐나 보네. 날 그렇게 걱정했다니 눈물이 다 난다."

여전히 진형이는 장난스럽게 말했습니다.

"재미있지는 않았지만 진형이의 장난에 정신이 번쩍 들기는 했단다."

아저씨가 웃으며 말했습니다.

"이제 새를 만들어 볼까?"

"예!"

진형이가 일부러 큰 소리로 대답했습니다.

"새는 만드는 것이 아니라 찾아야 해."

"예?"

"새를 잡아서 매달아 놓는 거예요?"

종회가 놀란 표정으로 이미 만들어진 솟대를 올려다보았습니다.

"저 새들은 모두 나무로 만들어진 것 같은데……."

호철이가 고개를 갸우뚱거리며 말했습니다.

"진짜 새를 찾으라는 것이 아니라 아까 우리가 잘라 낸 가지들 있지? 그 가지들을 잘 살펴보렴. 마치 새처럼 생긴 가지들이 있을 거야. 그 잘라 낸 가지들 속에서 새를 찾을 거야. 자연스럽게 구부러지고 휘어진 가지들을 잘 살펴보렴."

삼총사는 여기저기 흩어져 있는 나뭇가지들을 뒤적이며 새 모양의 가지가 없나 찾아 보았습니다.

"없는데……."

"새처럼 생긴 건 없어요."

삼총사는 고개를 갸우뚱했습니다.

"그렇지, 새와 똑같이 생긴 것은 없지만 새가 될 수 있는 나뭇가지는 있지. 이걸 좀 보렴."

아저씨는 Y자처럼 생긴 나뭇가지 하나를 집었습니다.

"그게 어떻게 새처럼 보여요?"

"여기 끝에 이렇게 가지 하나를 더 붙이면 새 머리처럼 보이지 않니? 새 머리 끝부분을 이렇게 칼로 파내면 부리 같고?"

아저씨는 아주 빠르게 새 한 마리를 만들었습니다.

"우아!"

종회가 감탄사를 내뱉었습니다.

"정말 대단해요. 금방 새가 만들어졌네."

호철이는 아저씨가 만든 새를 이리저리 살펴보았습니다.

"솟대를 못으로 박거나 접착제로 붙이지 않고 이렇게 한쪽은 구멍을 내고 한쪽은 뾰족하게 만들어서 끼울 거야. 그러니 구멍을 내는 곳과 뾰족한 부분을 잘 맞추어서 파내고 깎아야겠지?"

아저씨는 아주 능숙하게 칼질을 했습니다. 하지만 삼총사는 너무 어려울 것 같았습니다.

"새를 만드는 것이 더 어려운 것 같아요."

"그렇지? 새는 각자의 느낌에 따라 자유롭게 만들어 보렴. 너희들이 모두 똑같이 생기지 않은 것처럼 새들도 모두 개성 있게 만들어 주면 좋겠지?"

"예! 저는 공작처럼 만들래요."

호철이가 말했습니다.

"어떻게 공작처럼 만드냐? 그건 너무 어렵잖아. 부채 같은 깃털을 어떻게 만들려고?"

종회가 물었습니다.

"이렇게 잔가지들이 많은 걸 꼬리 부분에 붙이면 되지 않겠어?"

호철이는 가느다란 가지가 여러 개 달린 나뭇가지 하나를 들어 굵은 가지 끝에 맞춰 보았습니다.

"그럴싸한데."

진형이가 고개를 끄덕였습니다.

"그럼 이제부터 진짜 작품을 만들어 보자."

"예!"

삼총사는 이렇게 대답하고 각자 머릿속에서 생각해 낸 새를 만들기 위해 입을 꾹 다물고 나뭇가지들을 뒤적이기 시작했습니다. 아저씨는 흐뭇한 표정으로 삼총사를 바라보았습니다.

"다 만들었어요!"

호철이가 가장 먼저 손을 번쩍 들며 말했습니다. 그런데 호철이가 만든 공작은 생각보다 멋이 없었습니다.

"잔가지를 너무 많이 붙여서 새인지 부챗살인지 모르겠다. 그게 뭐냐?"

종회가 비아냥거렸습니다.

"치, 공작이지 뭐야. 그런 넌 뭘 만들었는데?"

호철이가 종회가 만든 새를 기웃거렸습니다.

"난 독수리!"

그러나 종회가 보여 준 것은 아저씨가 만든 새와 그리 다를 게
없어 보였습니다.

"아저씨가 만든 거랑 똑같네. 그게 무슨 독수리냐? 독수리라면
날개도 크고 부리도 크고 그래야지."

호철이는 종회가 만든 새가 시시해 보였습니다.

"잘 봐! 독수리 맞잖아. 마음의 눈으로 보면……."

종회의 말에 모두들 박장대소를 했습니다.

"진형이 넌 뭐야?"

종회는 진형이가 만든 새를 보았습니다. 종회와 호철이가 만든
새보다 훨씬 컸습니다.

"타조냐?"

호철이가 비웃듯 물었습니다.

"인마, 이건 불사조야!"

진형이가 말했습니다.

"불사조는 진짜 새가 아니라 상상의 새야."

종회가 어이가 없다는 듯 말했습니다.

"마음의 눈으로 보면 이게 불사조처럼 보일 거야, 하하하."

진형이는 장난스럽게 말했습니다. 아저씨와 삼총사는 파란 가을 하늘이 출렁거리도록 웃었습니다.

"아저씨는 너희들이 만든 새가 모두 멋있어 보이는걸."

아저씨의 말에 삼총사는 어깨가 으쓱해졌습니다.

"저쪽에 보면 아저씨가 미리 만들어 놓은 장대가 있을 거야."

아저씨는 나무가 쌓여 있는 곳을 가리켰습니다. 삼총사는 그곳으로 가서 이미 만들어진 장대 두 개를 더 가져왔습니다.

"이제 새를 장대에 꽂고 세워 보자."

아저씨는 땅에 작은 구멍 네 개를 팠습니다. 삼총사는 아저씨를 도와서 장대를 땅에 꽂았습니다. 새로 만들어진 솟대 네 개가 우뚝 섰습니다. 삼총사는 연신 감탄사를 터뜨렸습니다.

"와, 솟대 떼네요!"

종회의 말에 아저씨와 아이들은 무슨 말인지 모르겠다는 듯 종회를 쳐다보았습니다.

"새들이 몰려 있는 것을 보고 새 떼라고 하는 것처럼 솟대가 여러 개 몰려 있으니 솟대 떼잖아요."

"그렇구나."

"하하하."

아저씨와 삼총사는 솟대 떼를 바라보며 웃었습니다. 웃음소리에 놀란 장대 위의 새들이 날개를 퍼드덕거리며 하늘로 날아오를 것만 같았습니다. 삼총사는 아저씨 덕분에 자신들이 그동안 갖고 있었던 우상들을 버리고 참다운 앎이 무엇인가를 어렴풋이 깨달을 수 있었습니다.

정말 맑고 푸른 가을 하늘이었습니다.

베이컨이 우리에게 남긴 것들

　베이컨의 과학철학은 경험에 의한 철저한 귀납적 탐구였고 후에 현대 자연과학의 토대가 되었어요.

　베이컨의 '네 가지 우상의 배제' 그리고 '세 가지 탐구의 목록'이야말로 귀납법의 구체적인 방법이었고 이 방법은 베이컨 이후 영국 경험론 철학과 현대 자연과학에 지대한 영향을 미쳤지요.

　특히 베이컨은 제임스 1세에게 실험 과학을 후원하고 장려할 것을, 그리고 옥스퍼드대학과 케임브리지대학에 과학 교수를 많이 뽑고 연구소를 체계적으로 세울 수 있도록 재정 지원할 것을 요구했지요. 비록 왕에게 받아들여지지는 않았지만 오늘날 과학 연구소들의 활발한 운영에 대한 기초적 아이디어가 베이컨에 의해 제안되었던 것입니다.

　베이컨은 관념론과 신학을 자연과학에서 과감히 배제하고 객관적 대상을 참답게 아는 과학으로서 실험, 관찰 중심의 자연과학을 제시했습니다. 그리고 자연을 알고 지배함으로써 자신과 타인의 이익을 가져오는 것이 참다운 지식이라고 주장했으니까 베이컨의 윤리학은

그 이후 공리주의 및 미국의 실용주의의 기초가 되었다고 볼 수 있습니다.

그렇지만 베이컨의 자연과학 철학도 한두 가지 중대한 문제점을 안고 있지요. 우선 귀납 논증의 결과로서 보편 개념을 찾을 때 참다운 지식은 곧 보편 개념이라고 한다면 이런 입장은 플라톤의 관념론이나 합리론과 다르다는 것을 들 수 있습니다.

또 한 가지 아주 중요한 문제는 베이컨이 수학을 무용지물로 본 것입니다. 물론 베이컨의 입장에서 보자면 수학은 각각 경험과 아무런 상관도 없습니다. 그러니까 경험 과학에서 수학은 당연히 배제될 수밖에 없었지요. 그런데 베이컨이 잘못 본 것은 생각의 체계와 질서를 부여하는 수학은 인문학뿐만 아니라 자연과학의 가장 기초가 된다는 사실입니다. 만일 베이컨이 자연과학의 기초로 수학을 인정하고 그 이유를 명백히 제시할 수 있었다면 그의 과학 철학은 한층 더 완벽한 것이 되었을 것입니다.

베이컨은 실험도 하지 않았고 그렇다고 구체적인 현실 문제도 탐구하지 않았지만 당시의 학문과 사회를 개혁하기 위해 그리고 진리와 인류의 행복을 위해 자연과학 철학의 참신하고 혁명적인 아이디어들을 제출했습니다. 이러한 업적을 보면 베이컨이 근대 영국 경험론 철학의 아버지인 것은 분명하겠지요.

에필로그

우리 삼총사가 비밀로 하기로 했던 아저씨와 그 집에 대한 이야기는 솟대를 만든 다음 날 바로 들켜 버렸습니다. 아니, 들킨 것이 아니라 삼총사가 다른 친구들에게 알린 것이지요. 삼총사가 그랬던 것처럼 다른 아이들이 그 집과 아저씨에 대해 갖고 있을 우상을 버리도록 하기 위해서였답니다. 여전히 아이들은 그곳에 귀신이 나오고 괴물이 살고 있을 거라고 의심했으니까요.

삼총사는 자신들이 알게 된 사실을 다른 아이들에게도 알려 줘야 한다고 생각했습니다. 그곳에는 몸은 조금 불편하지만 마음씨가 좋은 아저씨가 살고 있고, 우리 고유의 신앙물인 솟대가 있다고 말이에요.

우리가 그 집의 실체를 알아내기 위해 얼마나 힘들었는지도 빼놓지 않고 이야기했습니다. 아이들은 우리 삼총사를 존경의 눈으로 바라보았지요. 우리는 으쓱해져서 내친김에 친구들을 아저씨에게 소개해 드렸습니다. 아저씨도 기뻐하셨답니다. 아저씨가 솟대에 담은 소망이 또 이루어졌으니까요. 아저씨의 소망이 친구를 더 많이 사귀는 거였잖아요. 아저씨는 아이들에게 숫대 만드는 법을 가르쳐 주었고 아이들은 아저씨의 말동무가 되어 주었습니다.

그뿐만이 아닙니다. 아저씨가 드디어 대문 밖으로도 나오셨답니다. 그동안 마음의 문을 굳게 닫은 이유도 있지만, 대문 입구가 계단으로 되어 있어서 휠체어의 출입이 자유롭지 못했어요. 그래서 아저씨는 전혀 바깥 출입을 하지 않았지요. 그런데 아이들의 말을 전해들은 종회 아버지가 계단을 없애고 경사로를 만들어 주신 덕분에 휠체어를 이용하기가 한결 쉬워졌습니다. 동네 사람들도 아저씨의 존재를 알고는 친절하게 대해 주었습니다.

살림을 잘하는 호철이 어머니가 집 안 청소를 해 주시고, 요리 솜씨가 좋은 진형이 어머니가 김치와 반찬을 해 주셨습니다. 아저씨는 너무 고마워 큰절이라도 해야 하는데 다리가 불편해 하지 못하겠다고 너스레를 떨어서 모두들 크게 웃었습니다.

 그리고 아저씨의 솟대 만드는 일이 다른 동네까지 소문이 나서 솟대 만드는 법을 배우겠다고 찾아오는 사람들이 많았습니다. 아저씨는 강습을 해 주고 받은 돈으로 자신처럼 몸은 물론 마음의 병 때문에 힘들어하는 사람들을 돕겠다는 계획을 세웠습니다. 이런 아저씨의 아름다운 삶이 지역 신문에 실리기도 했습니다.

 이제 아저씨는 우리 동네 유명 인사가 되었습니다. 그동안 굳게 닫혀 있던 대문은 활짝 열렸고, 방 안에서 꼼짝도 안 하시던 아저씨는 우리 동네에서 가장 바쁜 분이 되신 거지요. 물론 우리 삼총사도 아저씨의 가장 친한 친구로, 또 아저씨의 매니저로 아저씨만큼이나 바빠졌답니다.

 그럼 이제 삼총사가 아니라 사총사가 된 걸까요?

통합형 논술
활용노트

01 진형이가 두려움을 무릅쓰고 귀신의 집에 들어가자고 주장한 이유는 무엇일까요? 본문에 나타난 동굴 이야기와 연결해서 설명해 보세요.

02 베이컨은 우리가 가지고 있는 편견을 없애야 참다운 지식을 얻을
수 있다고 말했습니다. 여러분이 없애야 할 편견에는 어떤 것들이
있을까요? 구체적인 예를 들어 보세요.

03 베이컨이 말한 네 가지 우상이란 무엇이며, 각각의 우상을 실생활의
예를 들어 설명해 보세요.

04 여러분이 베이컨의 네 가지 우상에 이어 다섯 번째 우상을 만든다면 어떤 이름을 붙이고 싶나요? 또한 그 우상의 내용은 무엇이 될지 자유롭게 토론해 보세요.

05 이 책에서 아저씨에게 솟대가 중요한 의미를 지닌 이유는 무엇인가
요? 솟대의 특성과 관련 지어 잘 생각한 뒤 적어 보세요.

통합형 논술
문제풀이

01 　진형이가 귀신의 집에 들어가 보자고 한 이유는 그 안에 무엇이 있는지 추측을 하는 것보다 직접 확인하는 것이 옳다고 생각했기 때문입니다. 진형이는 집 앞에 서서 그 집 안에 무엇이 있을지 추측하는 것은 플라톤이 비유한 동굴 안의 상태에 불과할 뿐이라고 말했습니다. 긴 동굴 안에 오랫동안 묶여 있는 죄수들이 있습니다. 그들은 자신들이 속해 있는 어두컴컴한 동굴이 세계의 전부라고 오해합니다. 올바른 세계의 모습을 깨닫지 못한 채, 자신들이 속해 있는 세계가 참이라고 생각하는 것입니다. 이 죄수들과 진형이, 종회, 호철이는 참된 사실을 알지 못하고 제멋대로 생각한다는 점에서 공통적입니다. 죄수들이 참된 세상을 알기 위해 자신들을 묶었던 줄을 풀고 동굴 밖으로 나가야 하듯이, 아이들은 귀신의 집에 무엇이 있는지 알기 위해 집 안으로 들어가 보아야 한다는 주장은 옳다고 생각합니다.

02 　얼마 전에 엄마를 만나기 위해 캐나다에서 오셨던 이모를 배웅하기 위해 인천 공항에 갔습니다. 공항 입구에서 막 나오려는 순간 한 흑인 청년과 마주쳤습니다. 다급한 표정의 그 청년은 저를 보더니 앞을 가로막고 손짓을 해 가며 서툰 한국어로 뭐라고 질문을 했습니다. 그 순간 저는 이유 모를 두려움에 사로잡혀 그 청년의 옆으로 재빠르게 뛰어 달아나 버렸습니다. 한참을 뛰어 달아난 후에도 두근거리는 가슴은 쉽게 진정되지 않았습니다. 그러나 집에 돌아와 생각해 보니, 흑인은 폭력적이고 위험하다는 잘못된 편견을 가지고 있었던 것은 아닐까라는 후회가 들었습니다. 만약 제가 외국 여행을 하다가 백인 아이들에게 비슷한 일을 당한다면 굉장히 속상하고 기분 나쁠 것입니다. 앞으로는 인종 차별이라는 편견을 없애고 모든 사람을 동등하게 대할 수 있도록 노력할 것입니다.

03 베이컨이 말한 네 가지 우상은 종족의 우상, '동굴의 우상' '시장의 우상' '극장의 우상'입니다. 먼저 '종족의 우상'은 모든 것을 인간 중심적인 관점에서 생각하고 판단하는 편견을 말합니다. 예를 들어 '얼굴을 잔뜩 찌푸리고 있는 먹구름'이라거나, '봄을 찬양하며 즐겁게 노래하는 꾀꼬리'라고 말하는 경우가 그것입니다.

두 번째로 '동굴의 우상'은 자신이 경험한 것만을 믿고 참된 사실을 인정하지 않으려는 편견을 말합니다. '귀신을 본 적이 있으므로 귀신은 세상에 존재한다'고 믿는다거나, '지금껏 맛있게 먹은 사과는 모두 붉은 사과였으므로 붉은 사과가 푸른 사과보다 맛있다'고 주장하는 경우를 들 수 있습니다.

세 번째로 '시장의 우상'은 관찰과 경험 없이 언어를 그대로 받아들여 그 말에 대응하는 실제 대상이 있다고 믿는 편견을 말합니다. '인어라는 말이 있으니, 바다에는 인어가 진짜 살고 있다'고 믿는 경우가 이에 속합니다.

마지막으로 '극장의 우상'은 자신의 경험이나 생각에 의하여 판단하지 않고 권위나 전통을 지닌 어떤 사람의 학설이나 주장을 그대로 받아들이게 되는 잘못된 편견을 말합니다. 예를 들어 중세 시대 태양이 지구의 주위를 돈다는 천동설이 절대시되었던 경우가 이에 해당됩니다.

04 저는 '가면의 우상'이라고 붙이고 싶습니다. 이는 가면을 쓰고 행동하는 것처럼 거짓된 모습으로 남을 속이곤 하는 사람들의 행동과, 그렇게 꾸며진 모습을 진실로 받아들이는 얕은 생각을 가진 사람들의 선입견을 말합니다. 예를 들어 겉으로는 아무렇지 않은 듯 솔직한 표정을 짓고 있는 거짓말쟁이나, 상대방을 존경하지 않으면서도 예의 바른 척 체면을 차리는 아이들을 들 수 있습니다. 이러한 선입견은 서로에 대한 존중과 이해가 부족한 상황에서 나타나므로 바람직하지 못하다고 생각합니다. 가면을 벗고 자신의 진실한 모습을 드러내듯이 이러한 선입견을

없애려는 노력을 해야 할 것입니다.

05 솟대의 장대는 상계, 중계, 하계로 나뉜 세계의 축을 의미하며, 각 우주를 이어 주는 역할을 합니다. 또한 장대는 신과 같은 초자연적인 존재가 땅 위로 내려오게 도와주는 통로가 되기도 합니다. 솟대 위의 새는 세 우주를 자유롭게 넘나들며 여행할 수 있는 존재를 의미합니다.

이러한 점을 종합하면, 솟대는 아저씨가 세상과 소통할 수 있게 연결해 주는 역할을 하고 있다는 것을 알 수 있습니다. 다리가 불편한 아저씨는 자기 마음 안에 감옥을 만들고 세상과 단절된 삶을 살고 있었습니다. 하지만 솟대가 세상을 잇는 것처럼 아저씨도 마음을 열고 세상을 받아들이게 되었다는 점에 의미가 있습니다. 아저씨는 마음을 열고 아이들을 만나게 됨으로써, 자신의 마음을 이해해 주는 친구를 얻었습니다. 솟대는 앞으로도 아저씨가 당당히 밖으로 나가 더 많은 친구들을 만날 수 있도록 힘을 북돋워 줄 것이라고 생각합니다.